大话花边历史

龚令民 ◎ 著

中国长安出版社

图书在版编目（CIP）数据

大话花边历史 / 龚令民著. -- 北京：中国长安出版社，2012.2
ISBN 978-7-5107-0502-1

Ⅰ.①大… Ⅱ.①龚… Ⅲ.①中国历史—通俗读物 Ⅳ.①K209

中国版本图书馆CIP数据核字(2012)第023236号

大话花边历史
龚令民 著

出版：	中国长安出版社
社址：	北京市东城区北池子大街14号（100006）
网址：	http://www.ccapress.com
邮箱：	ccapress@yahoo.com.cn
发行：	中国长安出版社 全国新华书店经销
电话：	010-85099947 85099948
印刷：	北京市凯鑫彩色印刷有限公司
开本：	710毫米×1000毫米 1/16
印张：	16.25
字数：	196千字
版本：	2012年5月第1版 2012年5月第1次印刷
书号：	ISBN 978-7-5107-0502-1
定价：	29.80元

目录

第一篇　正史别解

吃掉虫灾 \ 3
有朋自远方来 \ 6
被穷死的宋王朝 \ 9
"力比多"和两篇名文 \ 12
岳飞长啥样 \ 16
假如朱元璋进攻日本 \ 19
假如袁世凯不当皇帝 \ 23

第二篇　雷人雷事

老子犯罪阉儿子 \ 55
卖痴呆 \ 58
做局的学问 \ 60
非诚勿扰之北宋相亲 \ 64
明清人的恶搞 \ 67
报应和法制 \ 70
动动太岁头上的土 \ 73

第三篇　科普揭秘

谁人赠我蒙汗药 \ 79

女尸的胃容物 \ 82

此物后必大行于世 \ 85

时令蔬菜反季节的花 \ 88

天山下的"来客" \ 91

前世今生说大豆 \ 94

岳飞的武功 \ 97

被矿难掩埋的清代黄石矿史 \ 103

第四篇　往事钩沉

也说虞姬之死 \ 107

沧海桑田话《论语》\ 111

印刷术闲话 \ 114

读书切勿读一半 \ 117

大宋梁山事件 \ 120

红颜薄命的李师师 \ 130

南京啊南京 \ 137

明朝第一疑案始末 \ 142

明朝赈灾第一疏 \ 166

圆明园被烧的前前后后 \ 169

科举废除之后 \ 174

第五篇　余韵风流

幽远的古琴 \ 185

名士风流唐伯虎 \ 188

非文人"赵书记" \ 204

文人与诗书 \ 207

穿行过诗画乐佛的风 \ 210

圣贤王阳明 \ 222

宽以待人娄师德 \ 236

"盗"亦有道 \ 238

一个汪精卫和两首诗 \ 241

字说 \ 246

章太炎VS梁启超 \ 249

第一篇

正史别解

　　历史上的事情，其实并不总像历史考试的标准答案一样刻薄和板着面孔。本章从历史的细节出发，为您讲述一些不一样的历史事实。

吃掉虫灾

> 说到虫灾防治，人们肯定会想到喷洒农药，其实从生物学的角度，作为生物链中的一环，人类完全可以不借助农药，单凭"血盆大口"就能客串一把啄木鸟。

1980年，西班牙发生大蟹灾，稻区26 000公顷稻田被严重破坏，水稻大面积减产。看到这则消息很多人笑了，认为西班牙人怎么都这样呀！在咱们中国，这蟹可是美味，他们没看见每到菊黄蟹肥时节，一批批前往江浙吃蟹的上海人把交通拥堵得不成样子嘛，哪还有蟹灾一说。其实翻翻老黄历，我们的祖先曾经也面临过跟西班牙人同样的窘境。

《礼记·月令》上说，孟秋时节，阳气弱，阴气盛，此时"介虫"就会出来毁坏水稻。"介虫"据东汉郑玄的注释其实就是螃蟹。《礼记》是记载岁时大事的文献，作者在书中正儿八经地提到介虫一事，可见这事发生的概率不会太低。据文献记载，在早期中国，爆发最大规模的一次蟹灾是在春秋，地点是吴国。《国语》曾记载了一次越王勾践与宰相范蠡的对话，其中提到，今吴国稻蟹不遗种。也就是说，吴国当时正发生非常严重的蟹灾，整个吴国粮食作物因之减产，甚至到了连明年春播的种子都留不足的地步。不过令人感到蹊跷的是，在春秋之后的几千年类似的蟹灾却再无什么人什么文献提及，按照中国人凡事必书的史学传统，书上没了文字，那蟹灾也就是消失无疑了。于是问题又来了，这蟹灾当年闹得如此风风火火，怎么突然就消失了？是用了高科技的手段？还是地球发生了类似于恐龙时代的地质变动？其实都不是，答案很简单，就是人一口一口把它吃没的。

闹蟹灾的那些年，人们也不是没有吃蟹的习惯，我国早期文献《周礼》和《汲冢周书》中就有有关吃蟹的记载。

《周礼·天官·庖人》说："庖人掌共六畜、六兽、六禽辨其名物。凡其死生鲜薨之物以共王之膳，与其荐羞之物及后、世子之膳羞。"话中的"荐羞之物"根据上文提到过的郑玄的解释其实就是全国各地的土特产，譬如两湖地区的鱼，青州等地的蟹。《汲冢周书》则说，周成王时，海阳有蟹入贡。考青州、海阳在今渤海湾一带，那么照此推来，此蟹必是海蟹无疑。当年沿渤海湾各地赶趟儿地一拨拨地往朝歌送这劳什子，估摸着是当时令海鲜进贡的，这跟我们在前面提到的在吴越湖区引发蟹灾的那类蟹是两码事。也就是说，早期中国人吃的多半是海蟹，吃河、湖等淡水蟹还是稍后的事。

三国两晋南北朝是中国历史上一个很重要的时期，伴随着政治文化中心的南移，跟现代有关的很多生活习惯逐渐形成，吃蟹就是其中一种。南北朝的著名文人毕卓曾如此描述他的人生理想："得酒满载百斛船，四时甘味置两头，右手持酒杯，左手持蟹螯，拍浮酒船中，便足了一生矣！"（《世说新语》）大意就是人生只要有酒有蟹，夫复何求呢？可见淡水蟹在当时已经走上餐桌并成为美味。按照现在经济学教科书上的说法，商品化的东西，有需求就必然会有供应。过去不兴办什么大规模养殖场，这市场上作为商品销售的蟹基本上都是农人从自家田里抓来的。

唐朝诗人唐彦谦有首名为《蟹》的诗就把当时的抓蟹、卖蟹、食蟹的场景描摹得惟妙惟肖："湖田十月清霜堕，晚稻初香蟹如虎。扳罾拖网取赛多，篾篓挑将水边货。纵横连爪一尺长，秀凝铁色含湖光。蟛蜞石蟹已曾食，使我一见惊非常。买之最厌黄髯老，偿价十钱尚嫌少。漫夸丰味过螟蛑，尖脐犹胜团脐好。"诗的头二句写金秋十月，稻熟香飘，蟹多猛如虎；次二句写为了不让蟹毁坏庄稼，农人们想尽办法用各种各样的渔网去抓蟹；剩下几句生活味甚浓，写的是卖蟹人和买蟹人在市集上的讨价还价的样子。可见唐时食蟹已成风尚。大诗人李白十分爱吃蟹，他曾写诗道："蟹螯即金液，糟丘是蓬莱。且须饮美酒，乘月醉高台。"另一诗人韩驹也写道："故人书札访林泉，郭索相随到酒边。来擘团脐先一笑，二螯能覆两舣船。"不单唐人爱吃蟹，唐以后各个朝代都很好地继承了这一传统。以会吃而著称的苏东坡在一首诗中如此描述他当年以诗换蟹的往事："堪笑吴中馋太守，一诗换得两尖团（指蟹）。"拿一首顶尖的诗换两只尖尖的蟹，也不知苏大才子这笔买卖做得值不值。到了明清，食蟹之事经过传承发扬，较之以前又有了进步。晚明的李贽一生颠簸，但对吃蟹却颇有研究，他说："蟹之鲜而肥，甘而腻，白似玉而黄似金，已造色香味三者至极，更无一物可以上之。"类似的感慨清初的著名戏剧家李渔也发出过："以是知南方之蟹，合山珍海错而较之，当居第一，不独冠乎水族，甲于介虫而已也。"近现代崇尚思想解放，说起话来就更直白了。章太炎的夫人汤国梨女士写过一首诗，其中有二句是："不是阳澄湖蟹好，人生何必住苏州？"听听，有了这样的感慨，有了这样的觉悟，这蟹灾如果还不灰飞烟灭，那也真得太小瞧人，太对人不住了。

有朋自远方来

> 或许某一天，我们祖先用几千年创造出来的东西随着时代的发展真会成了无人能懂的天书。

小时候学《论语》，开篇就是"有朋自远方来，不亦乐乎"。当时不理解，为什么有个朋友从远方来，会让孔子这个满腹经纶的大学者乐呵半天。后来年岁稍长，读黄易的《寻秦记》，读到项少龙返回先秦途中于某日闯入一对老夫妻家，夫妻俩说，项是他们这几年来唯一的客人时，终于懂了。有朋自远方来，真的是一件很值得高兴的事。

中国自古以农立国，生活在农耕社会的人们习惯了日出而作，日落而息。土地在给予人们巨大的物质回报的同时，也在无形中如一把锁链束缚了他们的手脚。所以古时的人平常不出门，不是不想，而是出门之后，你的那一亩三分地怎么办？跟孔子差不多同时代的老子就曾这样描述他心中的理想之境："邻国相望，鸡犬之声相闻，民至老死，不相往来。"这是一个令现代人很难理解的愿望，但在当时却是大多数人的呼声。

当然也有非走不可的时候，但仅仅依靠双脚跋山涉水对于任何人都是一个不小的考验。况且徒步行走速度慢，耗时长，出门一趟很不容易，不到万不得已绝对没人愿意四处溜达。就拿进京赶考来讲，即使到了交通相对较好的明清时期，西南边陲的举子进京也往往要提前大半年出门，否则这三年一度的会试，你还真可能就赶不上了。在这种情况下，能够代步的马自然就稀缺起来，金贵得很。中原王朝历来都很重视对马的管理，很多朝代在边境地区都设有专门的马市，用来同游牧民族进行马匹交易，从而弥补中原地区马匹的不足。

况且古代生产力发展有限，很多地方尚未开发，崇山峻岭，戈壁沼泽都成了制约人居的因素。十里八里不见人烟是常有的事，所以古代小说里，写得最多的就是主人公"因贪行些路程，而误了宿头"。如果不贪路程，时间上又拿捏得准，运气好的，没经过十字坡，碰不上孙二娘小两口，也就用不着担心被做成包子馅。运气差的，景阳冈下喝完酒，说不定那只还没被武松打死的吊睛白额大虫就是你人生最后的归宿。

经历了重重关卡，一个事先没有预约的朋友猛地出现在你面前，你说你能不高兴，能不快乐，能不欢呼雀跃么？

所以，在古人的诗词中写得最多的莫过于相聚时的欢欣和分别时的离愁。孟浩然在《过故人庄》里这样描写与朋友相聚的场景："开轩面场圃，把酒话桑麻。待到重阳日，还来就菊花。"而同是大诗人的白居易在浔阳江头送客时却只有失落和惆怅的份："浔阳江头夜送客，枫叶荻花秋瑟瑟。"如果时间稍长，离愁继而发酵成相思："记得小苹初见，两重心字罗衣，琵琶弦上说相思。当时明月在，曾照彩云归。"（晏几道·《临江仙》）多么浓烈的情感，无论快乐还是痛苦都那么厚重，像显微镜下的蚂蚁，再小也是巨人。

而现代人则不同。轰天响的机器，忙碌的挖掘机，新修的四环线、五环线、地铁、飞机场。城市张开它的血盆大口，越来越多的陌生人涌入你的生活，你机械地上班下班，然后把自己锁在套间房里，你的社交圈子越来越大，你认识的人越来越多，你的手机上、QQ上、MSN上、E-mail上满是可以联系的人，但真正能在半夜里给你呵护的到底有几个？恐怕连上帝都不知道。

或许碰巧，你有几个散落天涯的死党，面对快速的生活，便捷的交通和通讯手段。想念了，挂个电话，或者QQ上视频一下，实在不行就打个飞的，从东半球的北京到西半球的洛杉矶12小时之内就可以搞定，地球都成了村，天涯自然也跟着成了比邻。

心理学家说，一件太容易的事往往难以让人兴奋。于是现代文学里，描写欢聚的少了，描写离别的少了，描写相思的少了，描写困惑和迷惘的反而多了。

世界变化太快，科技的发展在肆无忌惮地蚕食着让人向往的农耕文明，我们那些从祖辈父辈身上传承下来的农耕社会情感在慢慢消解。也许再过几百年，甚至几十年，人们再翻开孔老先生的《论语》的时候，"有朋自远方来"或许真的就成了没人能懂的天书了。

被穷死的宋王朝

> 人，穷了，会死；企业，穷了，会死；国家，穷了，同样会死……

北宋是穷死的。的确，宋王朝从开国到败亡，财政收支就一直走下坡路。到中期仁宗在位时，朝廷每年财政亏空高达300万缗，而等到几年后的英宗治平年间这一数字居然渐升至令人窒息的1570万缗。缗是宋代的计量单位，跟贯等同，按购买力对比1缗大约相当于现在的人民币375元，1570万缗是个什么概念？相当于人民币58 870万元。如此巨大的财政亏空，以至于到1067年英宗病逝后，朝廷甚至都拿不出足够的钱为这位曾经的皇帝办一场像样的丧事。

公认的北宋有四弊"积贫、积弱、冗官、冗兵"，而这四者中又以"冗兵"为最。

开国之初，太祖赵匡胤决定沿袭唐五代以来的募兵制，军人职业化，实行严格的兵农分离。而军人的来源除宋初多来自各被剿灭的割据势力外，以后各朝基本上都是募集在各种自然灾害面前失去土地、颠沛流离的贫民。

在赵匡胤看来，这样做至少有两大好处，一是赈济了灾民，不使他们铤而走险；二是增加了国家军队的数量，有利于加强国防。但赵匡胤忽略了一点，当这种赈灾体制被无限放大的时候，其对国家财政，对社会发展都是一个极大的负担。

康定元年（1040年），时任御史的欧阳修写了一篇有名的政论文《原弊》，其中说到："一遇凶岁，则州郡吏以尺度量民之长大而试其壮健者，招之去为禁兵，其次不及尺度而稍怯弱者，籍之以为厢兵。"也就是说，每当出现大型自然灾害，国家就去受灾地把灾民招募为兵，健壮的到首都去做禁兵，瘦弱的就留在地方当厢兵。而且这个项目在当时还是帽子工程，"吏招人多者有赏"，于是，很多官员一生中最大的政绩不是造福一方而是募集流民。

一代名相富弼与人闲聊时常常跟人提及他在庆历八年（1048年）所做的事。这一年河北地区闹水灾，富弼成功地在流民中招募了数万人的军队，并因此受到朝廷晋级工资的嘉奖。

翻阅皇祐元年（1049年）富弼给朝廷所上的谢恩表，我们可以看到富弼的成绩"农民流入京东者30余万……遂募伉健者以为厢兵，既而选尤壮者得九指挥，教以武技，已类禁军。"按宋朝军制，一指挥为500人，九指挥就是4 500人。值得一提的是，这4 500人并非富弼所募集的全部数额，充其量只是其中的"尤壮者"，至于在这些"尤壮者"之外还有多少非"尤壮者"，那就不得而知了。而且这样大数额的招募在有宋一代也并非什么新鲜事。

根据《宋史》记载，仅宋神宗熙宁三年（1070年）就曾招募各地流民25 000人入伍。"河朔流民寓京东者如旧制招募教阅，以为忠果二十指挥，分隶河北总管司，以除盗恤饥。而河北及熙河路修城垒，河北所募兵五千人，熙河亦三千人。修京城，以废马监兵置广固、保忠凡十指挥，亦五千人。"到北宋中后期，朝廷所管辖的兵数更是一度高达1 259 000人，是开国之初的六倍还多。这么多兵，要消耗掉多少财政呢？根据蔡襄在1064年前后上奏的《强兵篇》所说："天下之入不过缗钱六千余万，而养兵之费约及五千（万）。是天下六分之物，五分养兵……民何得不困？"也就是说，国家财政收入的六分之五都被拿去养兵了。如此再加上国家各级公务员（官）基本工资福利，朝廷早就入不敷出，更遑论拿钱去搞什么建设，发展什么生产了。

到最后，被活活穷死也就是理所当然的事了。

"力比多"和两篇名文

> 为什么都是人，别人能写出千古名文，而你绞尽脑汁却写不出半个字？或许不是你不努力，而是你确实缺少了某种激素。

袁枚《祭妹文》

"除吾死外，当无见期。吾又不知何日死，可以见汝；而死后之有知无知，与得见不得见，又卒难明也。然则抱此无涯之憾，天乎？人乎？而竟已乎！……哭汝既不闻汝言，奠汝又不见汝食。纸灰飞扬，朔风野大，阿兄归矣，犹屡屡回头望汝也，呜呼哀哉！呜呼哀哉！"。

声声带泪，字字泣血，如鲠在喉，不忍卒读。乾隆二十四年（1759年）冬，袁枚三妹，一生饱受婚姻折磨的袁素文病逝于江苏上元，袁枚扶柩在旁，亲送其下葬，写就此文。

袁素文名机，素文是她的字。一岁时，父亲指腹为婚，将其许配给了高八尚在腹中的儿子。高八跟素文父亲不熟，但高八的哥哥高清生前却是素文父亲的好朋友，当年高清因一起府库亏空案锒铛入狱，是素文父亲不遗余力地四方奔走，高清才最终得以平反昭雪。

高家对此感恩戴德，高八更是指着夫人胀大的肚子对素文父亲说，这娃娃若是男儿，就与袁家搭一门亲事，以报袁家的大恩大德。

时间一晃很多年，袁素文23岁时，高八突然派人捎来一封书信，说自己儿子身染疾病，不宜成婚，还请贵府小姐另谋高就。深受封建礼教毒害的袁素文一听要解除婚约，终日啼哭，甚至绝食抗争。

等高八死后，高清的儿子才把真相告诉袁家人，原来高八儿子并非有病，而是有"禽兽之行"：品行恶劣、性情暴戾、行为轻佻、言语粗俗、吃喝嫖赌、无所不为，高八怕以怨报德，才向袁家人撒了个谎。但尽管如此，怀着"一念之贞"的袁素文还是不顾日后痛苦，坚持并愿意出嫁。

嫁到高家后，才发现高八之子比想象的还要遭，一副无赖嘴脸，他不仅自己不读书，还不准袁素文读书，甚至连针织女红都不许袁素文做。为了外出嫖妓，他先是卖尽家产，后又向袁素文逼索嫁妆，不答应就拳打脚踢，有时急了还会用火烧袁素文的大腿骨，婆婆前来劝护，他连母亲一起殴打。最后赌博输了钱，因无力还债，竟要拿袁素文做抵押。

无奈之下，袁素文被迫与其解除婚约，但之后袁素文闷闷不乐，不见笑颜，偶然小恙，也不医治，最后郁郁而终。

袁素文死后，对其一生了如指掌的袁枚怀着巨大的悲痛，回念往昔，点点滴滴，一下下、一刀刀都击中心中最敏感的弦，研墨提笔，一气呵成，遂成就了这篇祭奠文中的千古绝唱。

悲痛的背后

与袁枚《祭妹文》齐名的还有一篇，比它更早，那就是韩愈的《祭十二郎文》。

"汝病吾不知时，汝殁吾不知日，生不能相养于共居，殁不能抚汝以尽哀，敛不凭其棺，窆不临其穴。吾行负神明，而使汝夭；不孝不慈，而不能与汝相养以生，相守以死。一在天之涯，一在地之角，生而影不与吾形相依，死而魂不与吾梦相接。"

南宋谢枋得在《文章轨范》引用安子顺的话说："读《出师表》不哭者不忠，读《陈情表》不哭者不孝，读《祭十二郎文》不哭者不慈。"算是一语中的。

两个人的丧事，成就了两篇千古奇绝的美文，点点血，字字泪，其言之哀，其情之切，即使穿越千年，我们依旧能望见当时的场景：一面读，一面想，一面哭；一面写，一面忆，一面哭。写不下去了就哭一阵，哭累了又继续写。

虽然不是每个人都写得出才子们的文章，但应该说很多人其实都曾有过跟才子们类似的悲痛体验，亲人去世了，我们黯然神伤，哭一程，泪一程，闭上眼是他的影子，睁开眼是他的样子，甚至很长一段时间还会陷入这种深深的悲痛中难以自拔。那么，究竟是什么让我们如此悲伤，如此肝肠寸断呢？

著名心理学家奥地利人弗洛伊德曾提出过一个叫"力比多"（libido）的概念，它泛指一切身体器官的快感，弗洛伊德把"力比多"定性为一种力量、本能。他认为，我们对每一个关注的事件都会投入"力比多"，只是惯常我们自己不发觉罢了。当我们所关注的客体因某种原因突然消失，不复存在的时候，我们的"力比多"投入往往一下子还不能够完全从客体中拔出，对已不存在客体投注的能量仍在精神上起着作用。这时整个系统就很会出现混乱，随着混乱程度和人自身调节能力的不同，混乱最终可以表现为哀伤、悲痛、精神恍惚，甚至是妄想性精神病。

袁枚和韩愈的悲痛无疑都是很深的，他们的"力比多"投入没能从去世的袁素文和十二郎那里拔出，客体的转换暂时出现困难，那多余的"力比多"急于找到一个出口，随即外化为对过去的念想，外化为现实的悲恸，然后又借着他们的生花妙笔外化为一篇篇情真意切、感人至深的文字。这或许就是两篇名文的真正由来。

岳飞长啥样

> 名士必儒雅，猛将必英武，后人总喜欢按照自己的设想塑造前人。其实，古人也是人，是人就必定会有美女帅哥，是人也必定会有歪瓜裂枣。

岳飞长啥样？这似乎不是个问题。历史书上，杭州岳庙里不都正儿八经地贴着放着岳飞像么？"头戴红缨帅盔，身穿紫色蟒袍，臂露金甲，足履武靴，右手握拳前抚，左手按剑向后，目光如炬，凝视远方"，这一度也成了岳飞的标准形象。在这个形象中，岳飞脸呈瓜子型，眉毛倒八字，下颌有须，面容俊朗，英气十足，套用一句时髦的话，那真是帅得无边无际、灰飞烟灭。但问题是这流传了千年早已深入人心的形象是岳飞么？

暂且卖个关子，先来说说古人记录的手段。在照相术尚未发明的古代，人们想要保存一个人的相貌通常只有两个办法：一是文字描绘，二是画笔记录。

文字是一种抽象的表意符号，所以文字描绘有个缺点那就是只能保存一个事物的大概轮廓，而对于细节问题则无从也无法去较真。如圆脸、少须。这脸多圆叫圆，须多少叫少，很难量化。如果闰土"银盘似的脸"叫圆脸，那朱元璋猪腰子似的脸究竟是圆还是椭圆？仁者见仁，智者见智，还真不好说。于是为了弥补文字描绘的不足，人们又想到了另外一种办法——画画。老实说来，这种用色彩和线条记录物体的方法要远比用文字来得精确，但这样的记录也有先天不足，那就是不易流传。众所周知，中国画的强项历来都是山水，能画出像样人物画的画师本就不多，再加上临摹一幅画往往需要花上很长的时间，所以中国古代的人物画并不很普及，一般人的肖像能够流传到今天的几乎没有。不过好在岳飞并非一般人，所以现在我们还能有幸从古文献和古画中一睹他的风采。

现存有关岳飞最早的画像是旧题南宋刘松年的《中兴四将图》。画中共八人，从左至右依次为岳飞侍从及岳飞、张俊侍从及张俊，韩世忠及其侍从、刘光世及其侍从。画中第二人即岳飞。从画中看，岳飞面白无须，微胖，耳大脸圆，头带方巾，脚蹬尖头靴，一身淡绿装束，拱手而立。这与岳庙坐像甚至历史教科书上的画像都不甚一致。

那么，这到底是不是岳飞的庐山真面目呢？有人对此画提出质疑，认为此画并非刘松年原作，不足为信。但根据画上题跋及印款来看。此画虽非原作但至少也是一件较早的刘画摹本，颇能反映原画风貌。此画曾经多种笔记史料著录，流传有序，早在明洪武年间即为人收藏，后流入清宫，乾隆皇帝爱不释手，多处题字，清王朝灭亡后1922年曾被溥仪带出宫到东北，现藏于中国国家博物馆，属于典型的文物加精品。

根据记载，刘松年生于1155年，岳飞死于1142年，其生活的时代离岳飞不远，在其绘画创作的高峰期，一些见过岳飞的人尚在，而刘本人又对岳飞抗金始终存有敬意，那么此画中的岳飞形象就不存在诋毁之嫌。清人阮元也曾见过此画，他在《石渠随笔》卷3《刘松年宋中兴四将图》中说："岳飞面大而方，广额疏眉，两颊甚丰，目圆鼻尖，自口以下，重颐甚长，无髭须。"与我们今天看到的《中兴四将图》里的岳飞差不多，而与岳庙里的岳飞就差太多了。但此画中的岳飞就是历史上真实的岳飞吗？恐怕也非如此。

中国人向来就有为尊者讳的传统。明郎瑛《七修类稿》说岳飞有个绰号，叫"大小眼将军"。1141年，南宋与金达成和解。根据和解中的条款，1142年，金国派人送高宗生母韦贤妃及宋徽宗的灵柩回国，在途中，韦贤妃曾问随从："大小眼将军如何？"随从回答："岳飞已死。"从这段对话，我们可以看出岳飞"大小眼"一事已是家喻户晓，连就身在金国的韦贤妃也不例外。可在刘松年的画中我们却无法察觉这一点，另外一个无法察觉的还有身高。

1124年，今河南河北地区发生水灾，北宋王朝按惯例从灾民中招募士兵，招募分三步进行。首先是用标有刻度的木挺量身高，其次是测敏捷度，看能否跳跃和骑马，最后是测视力。凡合格者再根据各人的身材高矮分配到各军。当时各军对身高都有硬性要求：如天武第一军（步兵）须五尺八寸、龙卫军（骑兵）须五尺七寸、神威军（步兵）须五尺四寸、威远军（骑兵）须五尺三寸五。岳飞考上兵后被分配到的军队是隶属于骑兵兵种的广锐军，而广锐军对士兵的身高要求是五尺五寸，按一宋尺等于今30.72厘米换算，大约就是169厘米。再根据岳飞微胖的身材套用现在的身体健康指数估算岳飞的体重应在75公斤左右。据此，我们可以得出岳飞的基本信息如下：岳飞，男，汉族，河南省汤阴县永和乡孝悌村人，1103年生，身高170厘米，体重75公斤，身体健康，面白无须，微胖，耳大脸圆。

假如朱元璋进攻日本

> 甲午海战、马关条约、南京大屠杀……中国跟日本有着说不清的恩怨情仇。如果当初朱元璋攻打日本的计划付诸实施，也许……

中国与日本在地理上一衣带水，自古以来就是唇齿相依的邻邦，历史上有过漫长的蜜月期，如汉唐。也有过水火不容的时候，后者最典型的莫过于元朝时忽必烈的两征日本，其声势浩大，规模可谓空前。但恐怕很少有人知道，在明初建国的时候，雄才大略的朱元璋也有过进攻日本的打算。一切得从倭寇说起。

"倭寇"是明朝的关键词之一，"倭患"一直贯穿了整个大明王朝。尽管在后期有诸如戚继光、俞大猷等名将的一力抗击，但是一直要到德川幕府17世纪，连续三次发布锁国令的时候，"倭寇"才真正意义上在我国东南沿海绝迹，"倭患"也才真正解决。

早在朱元璋统治的洪武时期，倭寇就长期在我国东南沿海地区骚扰。据统计，洪武年间有记载的倭寇入侵达44次之多，而且其中大部分集中在洪武十四年之前，平均每年超过两次。为了解决这个问题，朱元璋可谓殚精竭虑，绞尽脑汁。

洪武元年，他派永嘉侯朱亮祖镇守广东，在沿海要地设置卫所，派兵防守，同时发国书给日本诸国（当时日本正处于分裂的"南北朝"时期）表达了自己希望与日本诸国建立睦邻友好关系，一起消灭倭寇，共享太平之福的愿望。但当时的日本幕府将军足利义诠以"倭寇乃九洲海贼所为，日本政府根本就不知道"为由予以搪塞。洪武二年，着眼于长远利益的朱元璋又派杨载等七人出使日本，并亲自写了一封措辞严厉的信。信中称"间者山东来奏，倭兵数寇海边，生离人妻子。损害物命。故修书特报正统之事，兼谕倭兵越海之由，诏书到日，如臣，则奉表来廷；不臣，则备兵自固，永安境土，以应天休。如为寇贼，朕当命舟师扬帆诸岛，捕绝其徒，直至其国，缚其王。"接到信后，日本国的怀良亲王大怒，斩杀明使五人，其他的悉数扣留，朱元璋的这一次交涉毫无成果可言。洪武三年三月，不死心的朱元璋又派莱州府同知赵秩等再次出使日本。赵秩经过一番惊险的周旋和唇枪舌剑后，终于软化了怀良亲王的立场。怀良亲王派和尚祖来捎带了大量的贡马和土特产向明朝"奉表称臣"，而且还送还了七十多个被倭寇抓去的中国人。朱元璋十分高兴，在皇宫设宴款待日本来使，并赏赐了大量的财物。考虑到日本人普遍信仰佛教，朱元璋还派了八个和尚护送祖来回国。但是朱元璋对当时的日本缺乏最起码的认识，他高估了怀良亲王的影响力，怀良亲王只是一个亲王而不是国王，他的意志并不能代表整个日本国的意志，那么当时最有势力的日本国王是怎么想的呢？说来还真是凑巧，这位仁兄的想法正好与怀良亲王相反，他并不认为跟中国交好是一件多么急切而急需解决的事。于是这次曾给朱元璋带来希望的交涉就这样再次搁浅。

后来日本国也有一些零零散散的朝贡，但因为这些多是地方实力派官员贪图大明朝的赏赐而搞的私人活动，没有正规的表文和印信，所以朱元璋都不怎么搭理。洪武十三年，日使再次来贡，情况同前几次一样也是没有表文，但带了一封日本征夷将军源义满的奉丞相书，文章写得极其嚣张，朱元璋看后很不开心，便拒绝了日本的朝贡。洪武十四年日本再次来贡，朱元璋又一次推却，并让礼部写了一封信责备日本国王和他们的那个征夷将军："王居沧溟之中，传世久长，今不奉上帝之命，不守己分，但知王环海为险，限山为固。妄自尊大，肆毁邻邦，纵民为盗。上帝将假手于人，祸有日矣。吾奉至尊之命，移文与王。王若不审巨微，效井底蛙，仰观镜天，自以为大，无乃构嫌之源乎？"。日本不甘示弱，也回了一封极其强硬的信，而且文采斐然："臣闻三皇立极，五帝禅宗，惟中华之有主，岂夷狄而无君。乾坤浩荡，非一主之独权，宇宙宽洪，作诸邦以分守。盖天下者，乃天下之天下，非一人之天下也。臣居远弱之倭，褊小之国，城池不满六十，封疆不足三千，尚存知足之心。陛下作中华之主，为万乘之君，城池数千余，封疆百万里，犹有不足之心，常起灭绝之意。夫天发杀机，移星换宿。地发杀机，龙蛇走陆。人发杀机，天地反覆。昔尧、舜有德，四海来宾。汤、武施仁，八方奉贡。

臣闻天朝有兴战之策，小邦亦有御敌之图。论文有孔、孟道德之文章，论武有孙、吴韬略之兵法。又闻陛下选股肱之将，起精锐之师，来侵臣境。水泽之地，山海之洲，自有其备，岂肯跪途而奉之乎？顺之未必其生，逆之未必其死。相逢贺兰山前，聊以博戏，臣何惧哉。倘君胜臣负，且满上国之意。设臣胜君负，反作小邦之差。自古讲和为上，罢战为强，免生灵之涂炭，拯黎庶之艰辛。特遣使臣，敬叩丹陛，惟上国图之。"

朱元璋看了这封表文大怒，史载"帝得表愠甚"，但考虑到元朝两次出征日本损兵折将的前车之鉴，朱元璋忍住了这一口恶气。虽然如虎将李文忠者也曾建议朱元璋征日本以雪前恨，但朱元璋在深思熟虑之后还是没有率领大明朝的舟师东渡。

不过这一件事后，朱元璋改变了以往企图交好日本的策略，而改为在内部积极设防，在沿海各地加强防守和卫所建设等，尽量减少倭寇造成的损失。最后他以日本支持胡惟庸造反为由，于洪武二十年（1387年）果断地断绝了跟日本的往来。把日本列为"不庭之国"，永远不准日本来中国贸易，并把这写入了传给后世子孙万世不变的《皇明祖训》中。正是在这同一本《祖训》中，日本还被被列入了永不攻打的十五国之一。

假如袁世凯不当皇帝

> 袁世凯活着的时候是偶像，可他想死后继续当偶像，而结果，死后的偶像没当成，连活着时候的偶像地位也搭进去了。

死了一个革命党

伟大领袖教导我们"革命不是请客吃饭"。那不革命，岂不就只剩下请客吃饭了吗？

这是辛亥革命后的第三年，这一年刚开头，湖南桃源的积雪还未完全融化，国民党人宋教仁就收到一封来自北京的电报。电报是当时的最高领导人袁世凯发的，电报的内容，名义上很堂皇：共商国是。实际上谁都清楚，无非就是各方面的几个人物私下里聚在一起吃顿饭，聊聊往事，然后拉拉家常。

那个谁谁谁你认识吗？认识啊！他是我在日本读书时的同学。那那个谁谁谁你认识吗？太认识了，我们前几天还一起吃饭来着，他跟我一个村的，这人喝酒不行，半斤酒吐得稀里哗啦。对对对，上次我们一桌吃饭，他做东，我们都还没来得及灌他，他就自己先醉了。哈哈哈……，那个某某事，老哥你看？没问题，包在我身上啦。

就这样，中国的很多事就办成了。

接到电报后，宋教仁很兴奋，他也想就这么简单地把孙中山和黄兴几十年没办成的事给办成了。因为当时的形势，国民党经改组吸纳了几个小党派顺利成为国会第一大党。而根据《宪法》，国会第一大党有权组织内阁，派人出任总理，并提交各部部长名单，说白了也就是他们现在掌权，这新做好的蛋糕如何分由他们说了算。既然如此，兴奋的人自然就远不止宋教仁一个了。所谓一人得道鸡犬升天，另所谓，众人拾柴火焰高。国民党内那些长期失业的高干们此时情绪极高，因为一旦宋教仁当上总理重组内阁，他们不但可以成功实现下岗再就业的宏伟目标，还很可能竞争到各部部长的高位，过一把"学而优则仕"的官瘾。所以，当3月20日，宋教仁准备从上海登车前往北京的时候，在上海的国民党大佬如黄兴、陈其美、廖仲恺、于右任等无论出于党谊私谊都来为他送行。在车站外，大家徘徊良久，依依不舍，宋教仁也频频与同志们握手挥别。

然后一行人像流水般缓缓涌向站台，可谁知这时冷不丁从宋教仁身后闪出一个人，此人不容分说，对着宋教仁的腰部就是一枪。由于凶手是斜向上开枪，子弹从宋教仁的腰上部直入下腹部，贯穿腹腔。枪响后宋教仁应声倒地，车站人多，而且是在赶火车的情况下突然听到枪响，现场顿时一片混乱，等送行的国民党人反应过来的时候，凶手早已逃之夭夭了。

问题很严重，国民党人很愤怒。

能够在光天化日、众目睽睽之下持枪行凶，既不图财也不图色（无色可图），杀的又是一个头角峥嵘的政坛新星，稍有点常识的人都知道，这十有八九就是传说中的政治谋杀了。那么，到底是政治阵营中的谁要杀宋教仁，而且一定要置于死地呢？

宋教仁的才华在国民党中数一数二。宋在国民党内的地位大约就相当于诸葛亮在刘备，吴用在宋江那里的地位。当年孙中山就任临时大总统时要颁布一部《临时约法》，规范领袖行为，可这些年革命党人一直忙于打仗，干着脑袋别在裤腰上的事，至于文字上的小节自然就忽略了。但现在事到临头非要不可而且时间还不多的情况下，领导们思前想后决定把这一重要的任务交给宋教仁，宋很爽快地答应了，他像现在的大部分党政秘书一样，只熬了一个通宵，稿子就奇迹般地写出来了，而且这部稿子倍受好评，被认为是国民政府的一部良法。难怪那个一向被人称为"疯子"的章太炎就说过，孙中山不该当民国总统，这个位子"论功应属黄兴，论才应属宋教仁，论德应属汪精卫"。而且据说，袁世凯不怕孙黄（孙中山、黄兴），就怕宋教仁。对于宋教仁，他曾有意无意地拉弄过，一次他曾十分大方地送了宋教仁一本空白支票，任其支取。宋教仁从农林总长的位置上下来后，袁世凯又主动要给他50万金作为退休补助，被宋婉拒。

　　精于人生的老子曾说，国之利器，不可示于人。意思就是，国家的宝贝不能够轻易拿出来让别人看，看到了很可能就会引来灾祸。同样的道理用在人身上，那就是有才华的人不一定会受人嫉妒，但假如一个人既有才华又锋芒毕露那结果就很不好说了。

　　几天前，从家乡湖南桃源赴京的路上，宋教仁革命本色不变，指陈国事，意气飞扬。在湖北，宋教仁批评现政府所做的一切都是在自绝于人民。在南京，宋教仁把现政府所施之政统统说成是恶政，并说现在社会之所以乱七八糟就是因为这个恶政。

　　小时候，笔者"面聆诸长辈教诲"：东西可以乱吃，话不可以乱说。意思就是东西乱吃大不了生场病，话说乱了说不定就是死，而且这死有时还会牵连到一大帮人。

　　宋教仁的批评话语说出还没几天，在上海火车站这个意气风发也被人说是"意气发疯"的国民党人就被人莫名其妙地打了一枪。联系前后因果，即使宋教仁锋芒毕露看不惯他要置他于死地的人很多，但无疑被他抨击的对象嫌隙最大，而且宋教仁死了，获利最大的也是这个被他抨击的对象。那这个对象又会是谁呢？很不幸，这个对象就是给他发电报要他前往北京一起吃全聚德烤鸭的袁世凯。

不过破案讲究的是证据，而不是肾上腺激素。但根据马克思的辩证法原理，肾上腺激素也一定会有肾上腺激素的作用，那就是在肾上腺激素的刺激下，人的潜能会10倍、100倍地冒出来。

两名学生在浏览当时报纸报道的宋教仁上海车站遇刺的消息后，充分发挥课堂上老师传授的联想能力给警方提供了很强大的线索。他们说，有一个跟他们同住在六野旅舍的流浪汉曾向他们借钱，并说等过几天杀了人就还钱。

当时主政上海的是国民党人陈其美。因为同是党内同志，在各方面的影响下，一直苦无线索的陈其美破案压力很大。当得到这条消息后，陈其美如获至宝马上报请巡捕房，前往六野旅舍抓人。不巧的是，抓人的时候疑犯不在，但在疑犯租住的房间内还是发现了一点线索，一个人的名片，一个叫应桂馨的人的名片。应桂馨也是国民党的党内同志，跟宋教仁、陈其美这些大佬比起来属于典型的革命小将，这人陈其美貌似也认识，但因为其辈分太低，出道太晚，陈其美对他也没有什么特别的印象。但既然在疑犯房间里发现了名片，那说明这个党内的革命小将至少应该认识疑犯。现在，国民党死的不是一般党员，而是党内正如日中天的BOSS级人物，那无论如何，这个问题就绝不是党内矛盾党内消化这么简单了。更巧的是巡捕在逮捕应桂馨时又在应的卧室内发现了大量应与当时国务院一位秘书洪述祖的往来文件。而且文件显示，洪述祖才是应的背后指使者，而且洪还不是最大买家，最大买家另有其人。洪在文件中说这笔买卖是当时的国务总理赵秉均让他干的，在文件中洪还说，他曾就此事向当时的大总统袁世凯汇报过，总统听了之后很兴奋。有了这些"铁证"，本来就对袁世凯心存芥蒂、十分不满的国民党人在长沙的宋教仁追悼会上便众口一词，一口咬定杀宋的最大幕后黑手就是袁世凯了。

半个多月后，国民党的二号人物，孙先生的臂膀，跟宋教仁素来友善的黄兴在巨大的悲愤之中写出了一副非常有名的挽联：前年杀吴禄贞，去年杀张振武，今年又杀宋教仁；你说是应桂馨，他说是洪述祖，我说确是袁世凯。此联一经传播，坊间舆论大哗。

国民党的另一大佬孙中山当时正在日本考察铁路，寻思着招商引资事宜。但在得到宋教仁惨遭毒手的消息后，3月21日，即立刻停止在日行程，提前回国。3月25日，坐了4天轮船的孙中山刚到上海，就马不停蹄地召集党内诸同志在黄兴寓所召开了一个国民党高干会议。会上，国民党的高干们各抒己见，黄兴主张走司法程序，彻查真相，用法律手段解决。孙中山则力主动武，并说要打到北京去，消灭袁世凯。可当时国民党人也面临着十分尴尬的问题：查，政权不在手上，而且此案涉及最高领导人，难保司法不公；打，手中无兵无枪，敢跟老袁动粗、吹胡子瞪眼不啻于以卵击石。

与会诸人讨论了半天也没讨论出个结果，一向偏激的戴季陶附和孙中山，认为不用武力解决不了问题。其他人则大多表示在还没有彻底撕破脸皮之前，黄兴的法律解决方案未必不可一试。孙中山是个有些牛脾气的人，主张武力讨袁不改。黄兴也不愿在证据不足的情况下就咬定老袁不放。讨论了一夜，党内诸同志始终无法形成统一的意见，于是大家口头上说"下次再议"，而实际上双方都在按自己的想法一步步往下走。

黄兴这一路走的是，为避免受行政因素的干扰，由立宪派人士现为江苏都督的程德全向国会申请成立特别法庭，专审宋案。但此时主管审判的民国司法总长许世英却拒绝支持，他认为宋案不向地方法院起诉而要求重设法庭,是干预司法独立。

孙中山一路走的是,先派人在当年辛亥革命的首义之地武汉联络同志,然后大家拉上人马战场上见。可武汉的联络事宜很快就被嗅觉敏锐的副总统黎元洪获知,国民党人宁调元等惨遭逮捕枪毙,罪名是"阴谋刺杀黎副总统"。

这一来,国民党与袁世凯这个事就闹大了。

根据当时的情况推测,一直窥觑着事态发展的袁世凯其实也不愿动粗,毕竟打仗需要钱,仗着以前的老底子,他的日子虽然比国民党好过,但也还达不到逮谁灭谁的派头,其实那年头,华夏大地没人有那个派头。袁世凯是过来人,他知道国民党死了人,而且死的还不是一般人,这事国民党人是绝不可能善罢甘休的。既然免不了一战,那就先下手为强吧。从6月9日起,袁世凯以"大总统令"先后把国民党中手中有兵的江西部督李烈钧、广东都督胡汉民、安徽都督柏文蔚免职。意思很明显,一来在名分上抢占上风,所谓名不正则言不顺;二来为真正开战做军事上的准备,所谓先发制人,后发制于人。国民党方面本来就对老袁一肚子火,现在老袁又要借助国家的名义赶尽杀绝,是可忍孰不可忍。7月12日,受孙中山支持,江西都督李烈钧在湖口要塞布檄鸣炮,出境讨袁。15日,国民党决定一致对外,一直主张走法律渠道的黄兴宣誓就任江苏讨袁军总司令,接着,安徽、上海、广东、福建、湖南、四川等地的国民党人和地方军阀陆续加入讨袁队伍,一场大战风雨欲来。

现在,让我们暂时撇开即将发生的讨袁战争回过头去看看文中开篇提到的宋教仁遇刺案。

关于此案真凶到底是不是袁世凯,其实一直缺少有力的证据。洪述祖在给应桂馨的文件中说,他曾就此事向袁世凯汇报过,但到底是如何汇报的却未曾透露。不排除洪述祖为了在应桂馨面前显摆自己的身份而故意捏造或者夸大事实。据国民党要人张继的回忆录，当时京师的警察总监王治馨后来告诉他，洪述祖在南行之前确实见过一次袁世凯。当时洪说，现在国事如此，都是因为有几个人在反对总统，如果能把这几个反对总统的人一一除掉，天下不就大治了吗？袁世凯听了这个几乎毫无政治智慧的提议笑了笑说，现在一面捣乱都快应付不过来，如果再来个两面捣乱就更加麻烦了。之后，洪又见了袁世凯一次，那时候，宋教仁已经被害，但真凶尚未查出，袁问，宋教仁是何人所害？洪说，是我们的人，要为大总统出死力的。据说，袁世凯听了后脸色很不好看。洪见状，知道惹了祸，于是找了个借口回天津了。

照笔者分析，这几段对话或许真是当时的实情，因为袁世凯如真有心杀宋教仁，他不会如此动手，理由有三：第一，从天时上看，袁世凯不会把时机选在自己发电报邀请宋教仁北上的时候，因为这样一来他嫌疑最大；第二，从地利上看，袁世凯不会选择在车站这种人来人往的地方下手，因为车站人流密集，很容易把事情闹得不可收拾；第三，从人和上看，身为一国元首的袁世凯底下高手如云，再怎么着也不会采用聘请业余杀手这种极不入流的办法。

另外值得一提的是，宋教仁本人即使到死也未曾怀疑过袁世凯。被刺住院期间，宋教仁写有一封绝笔上大总统书。在文中，宋教仁先是叙述了自己的受害经过，然后讲了讲现在的时局，最后他对袁大总统提出了希望，开诚布公，保障民权。

"这民国到底不如大清"

宋教仁的死让国民党人彻底心寒了，但遗憾的是，这回要对袁动武，手里却无兵无枪，各地的声援人士（反袁义士）又多半只是些地方杂牌部队，其武器装备，唬唬老百姓还可以，要真拿到战场上白刀子进红刀子出，十有八九就怂了。再加上各地军队各自为战，缺乏统一的调度和指挥，始终汇不成革命的洪流，所以这反袁斗争刚一打响便接近了尾声。徐州、广东、湖南的反袁人士在强大的北洋军队打击下一触即溃，南京、上海好歹打了几天，但伤亡惨重，无兵无钱无积蓄的国民党人根本就耗不起。孙中山本计划等战争打响后，亲自南下广州坐阵指挥，但当他8月2日刚到福建马尾，广东那边就传来了反袁失败的消息。孙中山于是不得不在日本人的保护下狼狈从福州乘船前往台湾并辗转东渡日本。

袁世凯料定孙中山必逃日本，遂紧急照会日本大使不得收留孙中山，无奈袁世凯在日本人那里说话没多少分量，而且孙中山在日多年，关系网众多，非袁世凯的触角能骚扰到。在日本安顿下来之后，革命党和旧军队的两个巨头都开始考虑建国以来发生的那些事儿。孙中山左想右想，他忽然觉得革命之所以尚未成功，并不是因为对手袁世凯有多强大，而是自身实力实在太弱，这其中又特别是国民党的实力太弱了。当年，宋教仁为了使国民党成为国会第一大党四处兼并招收党员导致党内鱼龙混杂，你别看平时见面时大家同志长同志短亲热得一塌糊涂，但真到一打起仗要起命来就各怀鬼胎，瞎哄哄了，譬如那个跳出来反对成立特别法庭的司法总长许世英。看来，这万里长征的第一步还是整党。

而国内，赶走了孙中山的袁世凯也在想。这共和共和，共了都一两年了，也不见有什么起色，这些讨厌的国民党人不但处处跟他过不去，而且还日夜寻思着夺他的权。本来袁世凯对共和与否不甚关心，早些时候，他曾一度将共和称之为"办共和"，在他心中，这共和也就跟晚清时候奕䜣、李鸿章等人整的洋务差不多，只是一个口号。他这个人啥都不信，实用至上。你说的什么主义，什么信仰他都没有，他只知道你要制约他，抢他到手的馍馍，他就要跟你拼命。

袁世凯继续琢磨着，这民国到底还是不如大清啊，想当年，我在老佛爷底下做事的时候，老佛爷放个屁，谁敢说不是一声惊雷，可现在，我好好地把你们这伙人当菩萨供着，你们却不识时务，到处给我煽阴风、点鬼火，看来这车我不能再往前开了。

袁世凯是个旧社会过来的人，从小耳濡目染的都是些所谓的封建传统。凭他的实力和办事逻辑，既然现在不能向前了那就来个回头望吧。谁知这不望不要紧，一望袁世凯就望见了被爱新觉罗家族坐了两百多年的龙椅。

还在当年被摄政王载沣排挤回河南度假的时候，袁世凯就请当地一个非常灵验的瞎子给算过一卦，起因是袁世凯的家族魔咒——袁家的男丁活不过60岁。从袁世凯的太爷爷辈算起，太爷爷袁耀东活了不到40岁，爷爷袁甲三活了57岁，算是活得稍微久点（袁世凯曾过继给袁甲三的儿子袁保庆），过继的父亲袁保庆活了49岁，亲生父亲袁保中也只活51岁。应该说人都怕死，特别是在现实世界混得越好的越怕死，袁世凯也不例外。他这次叫来瞎子算卦的目的之一就是想问问寿命。只见瞎子左掐右掐，最后蹦出两个字"58"。接着瞎子一脸悲怆地说，大人可能活不过58。袁世凯惊出一身冷汗，接着问可有良法破解。瞎子沉默了半天，这次吐出六个字：除非黄袍加身。瞎子的话到底在袁世凯心中惊起了多少涟漪，我们不得而知。但后来又听说，有人居然看到了袁世凯是一条五爪金龙。袁世凯平时喝茶多用一盏九龙白玉杯，因常年使用，很是心爱。但有一天一个下人进来送茶，不小心一个失手便把杯子给打碎了。当时袁世凯正在午睡，还没有知道这个事情，不过袁世凯一旦醒来，知道了此事，那个送茶的下人很可能就九死一生了。下人很害怕，哭着找到了对袁世凯十分了解的袁世凯表弟张镇芳。张镇芳说，没事，你回去之后就跟大总统说，因为刚刚献茶时见榻上睡的不是大人而是一条五爪金龙吓了一跳，于是失手将茶杯打碎了。下人回去之后面见袁世凯，果然如法炮制。袁世凯一听居然还有此事，便对打碎茶杯一事不闻不问而关心起五爪金龙来了。袁世凯问，这事你还告诉了谁？下人说，小人就算有天大的胆子也不敢将此事外传啊。袁世凯很高兴，奖励了下人一些东西就让下人走了。

1913年（民国二年）10月6日，宣武门的大选会场十分热闹，中华民国建国以来的第一次大选在这里举行。按袁世凯要求，这天各界议员759人齐聚会场履行职责选举总统。袁世凯心里盘算着，此时国民党人的军事斗争已经失败，再加上刚刚又废掉几个不太听话的都督，如浙江的朱瑞、云南的蔡锷，杀鸡儆猴，这下，大选应该不成问题了吧。

可谁知，刚第一次投票问题就来了，自认为十分伟大的临时大总统袁世凯得票数居然没有达到法定的四分之三。袁世凯大惊，他手下的那些个喽啰们也实在想不到在这大选会场内，竟然还潜伏着如此多的敌人。首都警察厅紧急动议，很快，议会现场就来了三四千自称民间代表的"公民团"，"公民团"成员三个一群，五个一伙把正在开会的代表们团团包围。平时舞文弄墨、口若悬河的议员们什么时候见过选总统选出这架势，遂纷纷要求议长前去与这群人协商，让他们退出会场，不要影响选举。可这群人明显是有备而来，根本不听劝告，并扬言道，今天选总统事关重大，假若你们选出的总统不是大家期望的，谁都别想走出这会场。紧接着袁世凯的爪牙们借口担心公民团惹是生非，马上又派了更多的北洋军人荷枪实弹在大选会场往来穿梭。弄得好端端的一个大选会场，非代表的人比代表多了好几倍。即使这样，第二次选举，袁世凯仍未通过，袁世凯的党羽们感觉受到了严重的挑衅。这时已到开饭时间，照例该吃过饭后再重新投票，可"公民团"首领，洪帮头子张尧卿竟然公开叫嚣，不选出袁大总统，大家就别想吃饭，今天不选出，今天不吃饭，一辈子不选出，一辈子都别想吃饭。真是秀才遇到兵，有理讲不清，书生遇到匪，鼻子不是鼻子，嘴不是嘴。待第三次投票时，已是晚上。议员中很多人就早上吃了点东西，而且大部分还是流食为主，这一天的功夫早就消化到不知哪里去了。个别有鸦片瘾的更是发了烟瘾，哈欠连连，鼻涕口水流得满地都是，十分狼狈。

这次选举让袁世凯发现了更为严重的问题。虽然在武力上驱逐了国民党的党魁孙中山，而且还打败了几个拥护孙中山与他为敌的地方实力派，但在国会上，这群无钱无枪的国民党人还是可以把他这个有钱有枪的大总统弄得焦头烂额（在选举中所谓的"公民团"也把这群议员弄得是焦头烂额）。既然如此，顺我者昌，逆我者亡。果然，选过大总统后没几天，袁世凯就发布了解散国民党令，宣布凡国民党的一切机关无论中央地方限期3日内全部撤除，国民党籍的议员无论何人限期3日内交出议员证和徽章。而且令发当天，马上就有数百名荷枪实弹的军警把国民党北京总部重重包围，追缴议员证书徽章350人，次日又补追了80余人。

至此，袁世凯盛极一时，他最大的对手国民党已被他整得支离破碎。无论是孙中山的打到北京去，消灭袁世凯，还是黄兴的让法律来说话，抑或宋教仁的党是对抗北洋军阀的唯一武器，都不可避免地先后失败了。可这还不是袁世凯最后想要的，既然国民党已被官方定性为乱党了，那么当初国民党为制衡他专门制定的宪法——《临时约法》就顺理成章地成为"乱法"了。如今这态势，新总统上任，万事待举，百废待兴，"宪法"自然就得跟着脱胎换骨、与时俱进。借助手中的枪炮，很快新宪法《中华民国约法》便新鲜出炉。《中华民国约法》较之《临时约法》有不少改动，但其中最核心的一条还是关于大总统的。新约法规定，大总统任期十年，可以无限连任，大总统任期即将结束时,有权推举三个人作为下一届总统候选人。具体做法是,将他们的名字写在一份简牍上盖上大印然后藏在一个金盒子中。这个很像清朝秘密立储制度升级版的做法一经公布,天下轰动。明眼人都知道,袁世凯这回要搞家天下了。

在这里顺便插一句。即使到这个时候,如果袁世凯能及时刹车,也不会有后来车翻人亡的危险。可惜他车开得太快,驾驶技术太好,一直坐在车上的乘客都觉得这车坐着舒服,风兜得惬意,现在即使司机要停,他们也已经一千个一万个不愿意了。因为你不想当皇上,我还想当太子,还想当开国功臣呢……袁世凯的幕僚湖南人杨度就曾对袁世凯说,北洋军队的各位将领跟随大总统多年,鞍前马后的奔波,刀山火海的卖命,为了什么?都只不过想能藤缠树,树缠藤,攀龙附凤,衣锦还乡,永葆富贵罢了……而且这样的念头一经产生就如洪水决堤势不可挡。

袁世凯的秘书班子里有很多文人,文人都读过古书,知道劝别人当皇帝这事欲速则不达。这首要一步便是稳下被劝者的心,如果当年不是赵匡胤自己想当皇帝,那假情报(说契丹来攻)、真龙袍怎么可能一夜之间从天而降。而根据从历史上学来的知识,要让被劝者安下心来,这最容易出成绩的做法便是制造舆论,你得让被劝者觉得当这皇帝是多么的众望所归,理所当然,这皇帝他要是不当他都不好意思上街溜达出门见人。如果能到这个程度,事情自然就水到渠成了。

当时各色人等策划的请愿团多如牛毛,什么商界请愿团,公民请愿团,人力车夫请愿团,甚至于妓女请愿团,乞丐请愿团都出来了。似乎这袁世凯要是不当皇帝,这乞丐乞讨,妓女卖淫都失去了原本的价值和意义。其中最搞笑的乞丐请愿团,就是前面我们提到的袁世凯的亲信幕僚、被袁世凯称之为"旷世逸才"(果然逸才)的湖南人杨度一手策划的。有一天,杨度坐车经过闹市口,当时两个乞丐正在吵架，其中一人对另一人大声道，你如此欺负人还有王法吗？都他妈是共和闹的，假如皇帝复生，一定不会让你这样的人横行霸道。听到这话，聪明的杨度像被苹果砸中的牛顿一样来了灵感，3天之内便召集了上万名男丐、女丐、老丐、少丐、集团丐、自由丐到总体府门前集体请愿，蔚为壮观。弄得最后袁世凯费了九牛二虎之力才把这个前无古人后无来者的乞丐请愿团送走。

民意来了，紧接着就是天意。1914年冬天，给袁世凯家守祖坟的坟丁突然跑到北京来给袁世凯汇报，说袁家祖坟最近出现了些异常，夜间常有不明红光出现，方圆一公里之内被照得恍如白昼。而且在坟墓附近还突然发现了紫藤，一丈来高，蜿蜒曲折，形如盘龙。袁世凯听了汇报很高兴，但他还是不敢确定此事到底是真是假。遂派了一直以来十分信任的大儿子袁克定前往老家祖坟一窥究竟。袁克定到河南袁家祖坟查看后马上就给袁世凯写了信，在信中，袁克定说，紫藤一事不仅为真，而且紫藤长势惊人，现在已经有手腕粗了。袁世凯看信后大喜过望，回信让袁克定好好保护，以免牛羊践踏。

有了民意、天意，袁世凯还担心什么呢？担心日本。当时的国际情况，第一次世界大战正如火如荼，西方国家要不是满头脓疮，就是心肌梗塞，根本没有时间往东边看。东方的大小事情，大多还是那个1895年打败了他老师的小日本说了算。袁世凯心里嘀咕着，这称帝一事，小日本到底是咋想的呢？

世界上的事很奇妙，所谓一帆风顺，马到功成，有时真是想什么就来什么。袁世凯的大儿子，骑马摔瘸了腿却念念不忘做太子的袁克定就一手伪造了一份袁记《顺天时报》。《顺天时报》是日本外务省在北京主办的一份报纸，主要介绍日本的化妆品和小百货，有时也会刊登些时政文章，其言论多代表了日本的官方立场。为了替袁世凯彻底扫除称帝的思想障碍，袁克定不惜重金雇请枪手打造了一个工作团队，专门负责伪造只给袁世凯一个人看的《顺天时报》。很明显，在这份袁记《顺天时报》里登得自然都是些鼓吹帝制，赞成称帝的文章。要不是袁世凯的三女儿袁静雪偶然发现包核桃、板栗等干果的《顺天时报》跟自己在家看的《顺天时报》大相径庭，从而向袁世凯报告，袁世凯恐怕至死都还蒙在鼓里。在这里顺便插一句，前面我们提到的袁家祖坟出红光，现紫藤一事也全系袁克定一手包办。

　　此时，军队方面支持劝进的人也不少。雄踞山西的阎锡山不但上表劝进，而且为表忠心，阎竟派人将父亲阎书堂送到北京，表面上是请老人家逛逛北京，实际上是把父亲作为人质，好让袁世凯放心。四川都督陈宦离京就职前更是专门跑到袁世凯的家里声泪俱下地劝袁世凯称帝，他说这共和国体为世人所诟病，弄得民国不如大清，一日乱似一日，大总统您一定不能顾一己之私而辜负了天下黎民啊。言之切切，说得你都不好意思拒绝。以袁世凯的政治手腕，他并没有当面回绝，而是说，这东西我没研究，你还是找我儿子袁克定谈谈吧。陈宦刚退下去去找袁克定，佣人就传来了袁世凯的旨意，说让袁克定和陈宦结拜为兄弟。

　　当然，此时被逼着劝进的人也不少。被称为财神的梁士诒本来是不赞成袁世凯称帝的，据说，袁世凯曾14次请梁发表对帝制与共和的看法，梁都佯装不知。但这次，箭在弦上，到了非站队表态的时候，梁士诒无法只得召集来平时一干要好的政治盟友，说，现在的形势，赞成称帝是不要脸，不赞成称帝是不要头，皮之不存，毛将焉附？头之不在，哪有脸面？结果大家一致商量的结果还是头比脸面重要得多。

　　可见当时袁世凯称帝的念头是多么强烈。伴随日益强烈的念头，外界关于袁世凯要称帝的消息也越来越多，越传越神。但此时袁世凯还不敢贸然行事，因为共和都搞了好几年了，突然要开倒车，危险系数很高。有一次，北洋嫡系袁世凯的心腹部下冯国璋由南京来拜见袁世凯，有意无意间冯便提到了外界盛传的称帝一事。冯国璋说，大人如顺民意称帝，我等一定全力支持。袁世凯是聪明人，一听就知道，这冯国璋哪里是来劝进的嘛！分明就是来警告和恐吓。便接着冯国璋的话茬往下说，小冯啊，你快打住，我今年都58了，我们袁家有个魔咒，男人活不过60，我自己身体一直不好，几个儿子又不成器，大儿子（袁克定）是个残疾人，二儿子（袁克文）是个书呆子，成天只知道和一些不三不四的人瞎混，你说我这样的人、这样的家庭，我就算当了皇帝又有什么用呢。

得了这个说法，冯国璋从袁府出去之后便一力宣布袁世凯并无称帝之心，一切都是外界讹传，不要误会了大总统的一片赤诚云云。而此时袁世凯也一反以前任由舆论泛滥的势态，主动出来辟谣，说自己绝无称帝之思想，这些所谓的东西都是不满政府的人捏造出来故意丑化领袖形象的，为此他还专门接受了美国《独立周刊》记者的采访。并说，相信《独立周刊》一定有能力将他这一想法告诉全世界眼睛雪亮的群众，这下很多人释然了，认为可能大家真的误会袁世凯了。可这话说出还没两天，就连《美国周刊》那篇专访都还没发出来，12月11日上午9时，袁世凯操纵的国民大会便在君主立宪还是共和的问题上选择了君主立宪，然后袁世凯推翻一切前言匆忙地就要在北京称帝了。

可怜袁世凯一世聪明，这皇帝又不是菜市场的注水猪肉，是你随随便便想称就能称的吗？

当年，孙权给曹操上表，请曹操当皇帝，曹操一眼就看出来，孙权是在给自己下套，于是说出了这是想把我放在火上烤这样的话。

另当年，元末农民大起义，全国各地乘机挖元朝墙角的人很多，元朝占着自己曾经叱咤欧亚大陆的蒙古战队照例是逮谁灭谁，无奈当时造反的人实在太多，涉及的地域实在太广，元朝军队即使实力再强也人数有限，一下子根本灭不过来，于是朝廷就想了个简单易行的办法，谁称帝就灭谁。

再当年，朱元璋的重要谋士朱升给心急火燎打算称王的朱元璋上的天字第一号策就是"高筑墙，广积粮，缓称王"。最终成就了朱元璋的帝王之业。

照说袁世凯也读过几天书，可不知为什么现在就偏偏走了这么一步臭棋，真是一粒老鼠屎坏了一锅三鲜汤。这称帝正如曹操所说是个火山口，你屁股下面坐的表面上是金光闪闪的龙椅，其实却是一个让你众叛亲离的火山。况且现在已是民国，偌大一个中华民族牺牲了多少杰出的生命才获得今天的共和，将这样一辆大车往前开了那么一两步，你现在居然跳出来嚷嚷着要倒回去，除了与你有直接利益联系、在你那里入了股份的，任谁都不会答应。

那说书的说，袁世凯一颗炸弹扔进不要钱的厕所里，激起了满天的"公（粪）愤"。全国人民愤怒了。被解散的国民党人愤怒了。一直被迫于袁世凯淫威的国会议员愤怒了。就连袁世凯的嫡系部队北洋六镇也愤怒了。

冯国璋感觉受了愚弄。自己一直把袁世凯当老爸一样看待，忠心耿耿，一腔挚诚，可袁世凯终究还是瞒了他。一怒之下，冯国璋仿照当年清帝溥仪退位的优待条件也给老袁开了一个"优待条件"：一、往事不追；二、公权不褫夺；三、私产不没收；四、居住自由；五、全国人民予以应有之尊敬；六、民国政府每年给予岁费十万元。

段祺瑞呢，本是一心要接位大总统的。因为当年小站练兵时为防止将领专兵，袁世凯搞将领轮换，北洋六镇，就段祺瑞一人曾在其中的四镇待过，部下老友众多，实力雄厚，极可能接替袁世凯成为新的北洋领袖。可现在袁世凯家天下了，自己的梦也就到此为止了，你说能不烦吗。但鉴于袁世凯是老领导，不便跳出来公开反对，于是他就用起了当年武昌起义时袁世凯教给他的政治常识"慢慢走，等等看"，开始消极怠工了。

令人难以理解的是，袁世凯的亲人们包括袁的弟弟袁世彤、妹妹袁书贞也对袁世凯称帝十分不满，二人甚至还登报声明与袁皇上脱离兄弟姊妹关系。并且，袁世彤还在家乡像模像样地拉起一支20来人的"讨袁军"要消灭袁世凯，只可惜这支队伍人数太少，实力太弱，袁世凯随便安排几个人就把这支搞笑能力远胜于作战能力，象征意义远大于实际意义的军队给摆平了。

不过其他反对势力，如自宋教仁被刺以来一直被袁世凯打压的国民党人显然就没那么容易摆平了。

袁世凯称帝后不到半个月，唐继尧、蔡锷、李烈钧在云南组织护国军并宣布脱离中央政府管辖。得信后，袁世凯急令北洋军队和四川、湖南、广东等省的军队共约8万人，从四川、湖南、广西三路进攻云南，企图一举歼灭云南护国军。但今时不同晚日，现在的袁世凯众叛亲离，没几个人真正愿意为他卖命，前线战士打打和和，三路攻滇计划很快失败，加上在广东、山东等地袁军也惨遭打击，国内民众更是一片骂声。

孤立无援的袁世凯走投无路之下突然又想到了天意。他觉着这问题是不是出在风水上。正好这时，袁克定又给老爸推荐了一位所谓的大师贾兴。不过袁世凯这回比较慎重，他要亲自见识见识大师的实力。一见面，袁世凯就发现这个大师有点与众不同，别人看风水的一般不是戴着瓜皮帽就是身穿长衫，而眼前这位一副革命党人的样子，西装革履，懂英文，上过洋学校，更奇的是此人说起风水来不仅头头是道，还能够引入现代科学理念。大师说，这风水学过去叫堪舆，现在根据他的研究成果应该叫"地球磁场与人类关系学"。接着大师便大谈特谈袁世凯一知半解的地球磁场，声光电化，弄得袁世凯啧啧称奇，于是就把紫禁城风水的事交给了大师看。大师一连看了三天，便看出了结果。大师先是说了一大通星宿布局之类的事，接着说了一大通紫禁城历史沿革的事，最后回归重点，为什么元明清以来皇帝轮流坐庄，没那个家族能绵延万代，其原因就出在新华门上，因为新华门气散而不聚，所以，无论那一姓当了皇帝都会出些波折。所以当务之急就是如何聚气使其不散的问题，其最为简洁高效的办法莫若在新华门边修一厕所，聚收秽气。袁世凯对这一说法本来是半信半疑，但现在病急乱投医，也姑且只能死马当作活马医了。于是，像模像样地在新华门边修了个厕所，以求江山永固。

而这时，在袁府内，袁世凯那些利令智昏的姨太太和子女们正在试穿着新定做的衣服。姨太太们甚至还为谁为妃，谁为嫔的问题吵得不可开交，六姨太、八姨太，九姨太在争吵中更是放出硬话，袁世凯如果不封她们为妃，她们就集体搬出北京城回到河南漳德去让袁世凯享受不了"性福"生活。

袁世凯开始有点坐不住了，他回头想看一眼他的战友，希望能从他们的眼神中获得哪怕一丁点力量。可这时，那些个当初极力鼓动袁世凯称帝的人似乎都集体蒸发了。沉默的沉默，落难的落难，个别没落难的为自保现在很多又跳了出来。那个最早劝袁世凯称帝的四川都督陈宦就发布了措辞严厉的讨袁檄文，其语气的恶劣程度简直比国民党还国民党，而且在檄文中他还像搞娱乐新闻一样爆出猛料，说袁世凯已经将3000万元汇到其在英国的户头上，并且随时可能外逃。袁世凯闻电，急火攻心，不觉心中暗骂这小子也太不是人了，怎么着他也是大儿子袁克定的把兄弟，自己的半个儿子吧，用得着这样吗？如此局势，确实有点出乎袁世凯的预料。在他看来，做任何一件事，都会有反对的人，但他没想到，做这件事，反对的人会是如此之多，而且很多人还是先赞成后反对。左右权衡之下，袁世凯不得不邀来老朋友徐世昌、并未公开反对他的老部下段祺瑞和曾经一度合作得十分愉快的黎元洪到中南海来商议对策。商议的结果不用说自然是取消帝制，立即执行。但发布全国的通电刚拟好，袁世凯突然又有点舍不得了，这火山再怎么烫他也是个人人都爱的火山啊。于是袁世凯借口电文中有个别字句还需再斟酌让三人暂缓发布，过了一阵，估计觉得确实已经穷途末路，再无二策了，袁世凯才终于下定决心取消帝制，电告天下。

袁世凯曾说，我不为帝位惜，只为天下人心惜。在他称帝过程中，他曾经心腹部下的表演让他这个一向很现实的人都有点接受不了，再加上从前一直就未断根的膀胱结石症现在复发并导致了尿路堵塞疼痛难忍，一生从未倒下的袁世凯这次倒下了。袁家的子女们请来法国医生贝希叶，贝说得给袁世凯导尿，袁此时已病入膏肓，虽然贝医生动用了当时最现代的医疗设备，可导出来的已不是尿而是红色的尿血混合物。在病床上的那些天，袁世凯时而昏迷，时而清醒，不久这个为自己奋斗了一生的人便在全国人民的口水声中彻底的支离破碎灰飞烟灭了。

袁世凯死后，段祺瑞等人曾好奇地跑到密室打开那个藏有接班人姓名的金盒子，只见一张一尺多长的泥金纸上写着三个人的名字，依次是黎元洪、徐世昌、段祺瑞。但也有人说，这份名单并不是袁世凯的初稿，而是护国战争爆发后因局势变幻袁世凯为了袁家一门老小的前途临时修改的二稿，最后一个段祺瑞原来写的是袁世凯的大儿子袁克定。也有人说，其实连黎元洪和徐世昌也没有，当初三个名字都是袁克定。谁是谁非，现在已很难说了。

因为死时袁世凯还是总统，虽然不是因公殉职，但无论如何也还得以在职国家元首的规格安葬他。国家紧急拨款50万元用于治丧，葬礼很隆重,那些在袁世凯称帝时与他有所交恶的亲朋故旧此时均走马灯似地前往北京沉痛悼念他们的老领导,其中尤以袁世凯的干儿子奉天将军段芝贵哭得凄惨,惹得很多不那么习惯流泪的政府工作人员都纷纷落下了悲伤的泪水。

6月28日,按袁世凯生前遗愿,灵柩从北京起运河南彰德,灵柩在新华门内时用得是32人的小杠,出新华门后改为80人的大杠,起灵当天,人山人海,警察在前面开道,孝子孝男手持孝棒紧随其后,之后是灵柩,再之后是长得看不到尽头的人流,沿途到处围满了或看热闹或送行的群众。据说其葬礼参与人数之多,关注程度之高已超过了当年的慈禧太后。于是很多现代人便不理解了,为什么袁世凯临死前弄出了个称帝丑剧,全国人民一片骂声,袁本人也是千夫所指,但等他真正死了,又从那里冒出如此多的人来为他主动送葬呢?

袁世凯自有袁世凯的好处

让我们把时钟倒拨八年,来看看袁世凯50岁的生日。古人过生日不单如现在人一样送钱送物,有时还送寿贴,写几句吉祥的话祝福一下。

袁世凯过生日的前几天,京城的寿帖售卖一空。各地官员,朝廷要人以至皇亲权贵前往袁府道贺的络绎不绝。因为有头有脸,每个人所送的东西往往都极尽奢华,那家伙,敢情就是一个小型博物馆。其中送礼之人也有颇为取巧的,当时袁世凯的同事大学士那桐送的生日礼物就很不一般。因为跟袁关系熟络,知道袁爱看京剧,为了表示慎重,那桐不惜降低身份亲自上门去请了京剧泰斗谭鑫培来为袁祝寿。谭鑫培唱戏有个习惯,从来只唱一出,因为唱多了嗓子容易累,不利于嗓子的修复和保养。但是这时那桐大学士想让谭破一回例唱两出戏。那桐说价钱你随便开。谭鑫培也不是没见过钱,钱这玩意他不太感冒。他半真半假地说，如果中堂大人能给我请个安，我就姑且破一回例。旧社会艺人地位低，谭鑫培即使说出了这话，也没太当真，可谁知话音刚落，那桐的安已一请到底。由此也可想见，在晚清民初的中国政坛上袁世凯实力之强，势力之大，人缘之好。

但袁世凯跟我们现在的很多人一样，不是富二代，不是官二代，不能凭借祖辈的荫庇从小就坐在一个别人奋斗终身都可能到达不了的位置喝咖啡。换句话说，袁世凯是自己混出来的。无数个铁一般的事实告诉我们，一个从基层做起的人要想在千万人中脱颖而出，没刷子是不行的，没两把刷子是万万不行的。

袁世凯做事向来讲求实效。他跟很多枭雄如黄巢、洪秀全一样早年也走过科举的路，无奈老袁家的人墨水不够，袁世凯对八股文又恨之入骨，所以学习成绩一直不好。后来袁世凯又想靠捐官起步，怀揣着家里人变卖首饰货物换来的银子，在北京，这个没怎么见过世面的乡下小青年吃喝玩乐样样尝试，再加上不小心交友不慎中了赌徒的圈套，不但官没捐成还把银子输了个精光。最后不得已弃文从武投奔淮军吴长庆才总算找对了方向，并逐步显现出过人的才能，开始鹤立鸡群。

刚参军不久，一次过年，因军官大部分已请假回家，士兵们穷极无聊就在军营里喝酒赌博，不知为什么突然赌博的两拨人就闹将了起来，起初是对骂后来发展到拳脚相加，再后来双方各自约人并开始拖枪对射打起了平时演练的阵地攻防战。双方均是一起训练的将士，各方面素质总体上都差不多，打着打着就有人开始负伤，而且这负伤的人数不断上升，但由于军官都不在家，事情发生老半天一直没人管。眼看事情越闹越大，同样还是士兵的袁世凯灵机一动假传吴长庆军令带着另一批士兵赶往事故地点，先是鸣枪停战，然后抓住为首的几人，全部枪毙。吴长庆回来后，他又主动请罪并将此事的前因后果向吴长庆作了汇报，吴长庆是个识货的主，知道这小子终非池中之物，所以非但没责罚这个胆大的年轻人，相反还真的就给了他一个军官做。

做了军官后，袁世凯又利用偶然认识的阮忠枢的路子巴结上了慈禧太后的宠侍李莲英，从此仕途便算是装上了防盗锁，有了保证。但你不可就此认为袁世凯只会巴结人，其实袁世凯办事很有特点，称之为能吏一点都不为过。

为了解民情，一般的官员可能会到下面去走一走，看一看，或者微服私访，或者干脆不走就让下面交点报告阅览阅览。不过这两种做法都有弊端，第一种，如果辖区太大，事必躬亲几乎是不可能的；第二种，只看各地交上来的报告确实省时省力，但这往往容易造成信息虚假，而且还容易被下面的官吏蒙蔽。所以袁世凯两种都不用，他在山东当巡抚时的做法可说是一个创举：先派一个人到该地密查，然后再派第二个人前往该地密查，当然，密查的二人均不知道对方，然后等二人密查回来，再分别听二人的汇报，如果两人所查结果相同，那就按两人收集来的信息处理事情，如果两人汇报的不一样。那也不要紧，先不急于下结论。再派第三个、第四个人前往该地密查，然后再把上次的汇报结果和这次这两人的汇报结果相互对照，查出谁在撒谎，谁在说实话。凭着这一招，袁世凯从政以来几乎从没被手下人蒙蔽过，当然，袁克定伪造《顺天时报》那是例外。

1900年，《辛丑条约》签订后，侵华的八国联军陆续撤走，慈禧太后和光绪皇帝从河北的避暑山庄又回到了北京。由于在八国联军进驻北京期间，北京城内曾发生过多次大大小小的战斗而且皇宫还遭到了部分抢劫，宫殿的毁坏颇为严重，慈禧太后也是人，也想住个好点的地方，他想把这住的地方修一修。于是慈禧找到已从山东巡抚升任直隶总督兼北洋大臣的袁世凯，让袁想办法弄点钱。当时的形势很不乐观，八国联军刚走，义和团又把各地闹得或说风生水起或说乌烟瘴气，反正就是不太平，所以，这钱即使摊派到老百姓头上也一下子到不了位。如果是一般的官员可能会跟慈禧太后谈理由，硬件如何不行，软件如何不行，总之就是这钱我没办法，你得体谅。但袁世凯不同，他有法子。他先把直隶辖区内的大小官吏都喊来，开个会，让他们出资垫钱，等以后朝廷有了钱了再还给大家。但这些人都不愿出钱，而且都称自己为官清廉，并无积蓄，袁世凯一看都这样子，表面上便说，既然这样，那就算了，不为难大家了。而实际上他已派出心腹前往天津附近的几个大票号明察暗访。心腹假装到各票号接洽存钱事宜，说是要存些官钱，看能给多少利息，那时票号没有存款准备金一说，但为避免恶性竞争，一般利息标准都定的差不多。票号众口一词，利息最高只能到8厘，不能再高了，再高就亏了。心腹呢，一边谎称别人票号里给的利息要比这个票号高点，一面继续同票号协商，表现出很有诚意的样子，票号的办事人员为了显示诚意，也为了揽下生意，遂纷纷拿出账本，把某官的公款私款存款数字和利息让心腹一一过目，说别人这也是当官的，存的也是官钱，现在真就这个行情，你看我没骗你吧。心腹暗中将所见各位官员的存款数字一一记清，最后粗略计算了下大约有100万两，回来后便向袁世凯作了汇报。袁世凯于是再次派人把众官员请来，将心腹前往各票号的调查结果向官员们作了通报。最后袁世凯声色俱厉地说，这些票号太可恶了，你们本来为官清廉，没有积蓄（上次说的），但他们却到处说你们存有私钱，败坏你们名誉，为了惩罚他们，我决定把这些冒名的钱全数充公。

1909年，被摄政王载沣以脚有病不宜当官为借口赶回家乡后，为了显示自己的与世无争，袁世凯还给当时的《东方杂志》投了一张照片。照片中共两人，一人为袁世凯，一人为袁世凯的三哥袁世廉，两兄弟头戴斗笠、身披蓑衣在河上垂钓。《东方杂志》刊发了袁世凯的照片稿，从此清廷那些脑袋进水的官员便真的以为袁世凯这回死心要过起世外桃源般的生活了。其实清廷不知，在离京之时，袁世凯什么都没带，就带了一部小电台，其用意何在，是个人用脚趾头都知道，可清廷偏偏就信了。据说，隐居之时，袁世凯也请了当地一个有名的瞎子给算了一卦，这次问的前程。瞎子说，大人的官星要等到辛亥年的八月节，果然，等革命党人在武昌打响反清第一枪，袁世凯东山再起的起义机会真的就来了！

再后来袁世凯如愿以偿地当上了民国总统。只是后来闹出了称帝一事，导致袁世凯名声一直不好，其实在他当总统时，他还是颇受人尊重的。那个被时人及后人深为诟病的《二十一条》，前前后后袁世凯也是花了不少心血的。日本人逼签《二十一条》，当时的国民政府无力同日本撕破脸皮，只能委曲求全（跟近代以来的李鸿章签的那些个不平等条约差不多）。对这个事情，袁世凯曾不无动情地对下属们说，埋头二十年，再与日本抬头相见。此次会谈，袁世凯用了两招，一方面，他命令负责谈判的陆征祥、曹汝霖、顾维钧等想方设法拖延时间，谈判代表顾维钧每次说完开场白即献茶，然后是所谓的繁文缛节，谈判时，代表们又故意避重就轻王顾左右而言他；另一方面，袁世凯命顾维钧暗中将此事透露给英、美、法、俄和国内民众，希望通过列强的利益争夺以及国际国内的民意舆论给日本制造压力。你看袁世凯这事做的，有板有眼，有应对有后退，换了一般人谁会这么做。说实话，一个人要真能像袁世凯这么做事，想不出成绩都难，仅就这么一件事，国人应该给袁世凯点好评的掌声。

袁世凯几乎具备从政所需的一切素质，他从不把喜怒哀乐挂在脸上，总是把自己埋得很深，即使所谓的心腹也永远猜不透他在想什么。但同时他又很注意倾听，始终让你感受到他对你和你说的东西都很感兴趣，让你能触摸到那么一丝温暖。另外他还拥有一个强大的气场，让你又不至于因为过于温暖而乱了规矩，按中国的古话说，大约就是不怒而自威。阎锡山曾跟别人说，他见过袁世凯两次，但最后仍然不知道袁世凯长啥样，因为见面时，袁世凯强大的气场让他既敬又畏，始终不敢直视。

  小站练兵时，张之洞曾问袁世凯，你练兵有什么绝招？袁世凯说，练兵并不需要什么绝招，只要用一般的招就行了，我们一手拿着刀，一手拿着钱，恩威并施，听话的就大大的给钱，不听话的就吃老子一刀。用这个办法袁世凯把北洋六镇全部练成了"袁家军"，北洋士兵只知道有袁宫保（袁世凯曾获清廷赏赐太子少保衔），不知道有大清朝。由于戊戌变法时袁世凯的表现，光绪对袁世凯恨之入骨。据说被囚期间，光绪每天都会在纸上画大头长身的各式鬼形，写上"袁世凯"三字，然后撕成碎片。又说光绪经常画一乌龟，龟背写有"袁世凯"三个字，然后贴在墙上用小竹弓射击，射烂之后还不解气，还要再取下来剪碎。更玄乎的是，有人说光绪临死前一言不发，唯用手在空中写了"斩袁"二字。光绪死后，光绪的亲弟弟载沣成为摄政王并总揽朝纲，甫一上台，载沣便寻思着给哥哥报仇。这第一件事就是解除袁世凯的一切职务，可他这念头刚一付诸实践，帝国战斗力最强的北洋军队就不答应了，军队指挥官冯国璋等人更是马上上书请求一起处分，本来要逐步杀袁的载沣于是也一下子没了底气。武昌起义，清廷曾派宗室大臣荫昌带着北洋军队前往武汉，可北洋将领段祺瑞等根本不听荫昌指挥，而是跑到袁世凯隐居的河南漳德请求军令，硬是把袁世凯隐居的漳德寓所弄成了陆军临时指挥部。

  此外，袁世凯与阮忠枢的交往也堪称他人际关系学的经典个案。袁世凯是在旅途中偶然认识阮忠枢的，通过交谈，阮忠枢知道了袁的身世背景，阮可怜当时袁的处境临别时还赠送了袁一些银子。后来袁世凯因当兵发迹，与阮忠枢的交往便密切了起来，并把阮忠枢也弄到军队中，一同共事。有一天，阮忠枢突然跑来对袁世凯说，他在妓院里认识了一个妓女，两人感情很好，他想把那妓女娶来过门。袁世凯一听，这事有违军纪，怎么能行？当时就制止了阮忠枢这个念头，阮忠枢向来尊重袁，听袁这么一说，心中虽有不舍，之后也就没有再提了。没过多久，袁世凯突然跟阮忠枢说，你陪我到天津出趟差吧。下车后，天色已晚，袁世凯又说，不如我们先别急着办公事，先去看望我的一个老朋友。于是二人左拐右拐来到一个胡同，然后走几步又进了一个院子，院子内陈设华丽，堂上还明明地烧着红烛。阮忠枢一进门，还不知道怎么回事，突然就听见有人喊，新姑爷来了。这时只见从左边帘幕后款款走出一个头盖红布的女子，阮忠枢仔细一看，这女子不就是自己日思夜想的那个妓女吗？原来，袁世凯明白阮忠枢的心思后，知道此事在军营中是万万不能，但在军营之外还是可行，于是派人先给妓女赎了身，等一切安排妥当后才找个借口带阮前来，也算给阮一个惊喜，各位读者朋友，你可知道这个惊喜给袁世凯带来的好处是什么？那就是即使到最后袁世凯称帝失败，全国人民一片骂声，阮忠枢也依然一心效力于袁。

　　这是对朋友下属，讨好上级，袁世凯也是手到擒来。某年，慈禧太后过生日，全国人民都很重视。凡是有点资格送礼物的无不绞尽脑汁挖空心思，但一般人所送的不是金银就是玉帛，很俗很贵重。而袁世凯却跟大伙不一样，他送的是几幅字画，很雅很便宜。照一般人看来，这字画价值不大，与金银相比还差那么一大截，但是一般人恐怕不甚明了慈禧太后的心思，慈禧有个习惯，喜欢把各地送来的生日礼物成堆地放在屋子里供人们参观，以显示自己被天下臣民爱戴得无以复加。不过偌大的一间房子里放满了瓶瓶罐罐，菩萨古玩总还是缺少一点什么，对了，那就是屋子的墙上不能不稍加修饰，因为这些立体的东西都是上不了墙的，所以虽然贵重，但放在一起，其让人感受到的价值也就正正为负，互相抵消了。唯独袁世凯的礼物别出心裁，跟大家既不雷同也不存在竞争，所以，慈禧看了很满意，说袁世凯就是不一样，比谁都能办事。

后来袁世凯又从直隶总督兼北洋大臣调京内用为外务部尚书。那是袁世凯已经很有名气，不过刚上任，袁世凯还是特意拜会了内务府大臣增崇，在增崇府上，袁世凯见到增崇的儿子察存耆，一见面，察存耆为表尊敬给袁世凯道了一声"大爷好"。谁知，听到此句招呼，袁世凯马上闪电般地离座还礼道，不敢，不敢，接着便拉着察存耆的手夸到，老弟长得真帅。接着二人便聊起了天，聊到最后，袁世凯问，老弟一般都读些什么书？如果需要书我可以送过来。听到这话，察存耆并没在意，因为官场中假话大话空话套话俯拾皆是。可三天后，察存耆刚下课回家，就看见院子里放着五个大木箱子，打开一看里面全是书籍，什么天文、地理、经济、政治、音乐、教育应有尽有，而且都是各书局出版的正版书。更特别的是，在货物详单上还落有"袁世凯"的名字，其字迹为红色，很显然是事先做好的。在红色的"袁世凯"三个字边上另有三个用黑色毛笔新写的字"世愚弟"，一看就知道是袁世凯为了表示尊重自谦新添的。这个小小的举动弄得察存耆对袁世凯印象极好，回去后跟老师一说，就连察的老师也对袁世凯佩服得五体投地，说袁世凯是干才，这样的人要是多几个，中国早就强大得无边无际了。

见识过袁世凯做人做事的远非上面所举的几个人。孙中山来北京时也受到了袁世凯的隆重接待，袁世凯甚至把自己的房子腾出来让孙中山住，弄得孙中山很感动，直夸袁世凯气度不凡。

张作霖来北京时也一样。袁世凯是个很注重秩序的人，一般来说，很多事情都有自己的原则。譬如接待客人，在哪接不在哪接，都有一套规矩。一般的客人就在大客厅见，稍微熟一点的在私人会客厅，更熟一点的就来办公室详谈。张作霖当二十七师师长时，曾由东北来谒见袁世凯。按他当时的身份以及和袁世凯的关系，当然是只能在大客厅见面的，但为了表示对张的优待，袁世凯还是把他叫到了自己办公室。谈话中，袁世凯又发现张作霖时不时地就拿眼睛斜瞟多宝格（一种陈设的架子）放着的几块金表，知道张这是上心了，于是在张临走时他就很慷慨地把几块金表都送给了张。此一着的好处是什么？那就是最后袁世凯称帝时，张为了讨好袁用5吨好玉给袁赶做了一架龙床，而且还信誓旦旦地说，大总统可放心，如果关外有什么事，你就拿我是问，如果关内有什么事，大总统一句话，我死而后已。

此外，为巩固各方面的关系，袁世凯还有一招，结亲。袁世凯妻妾成群，子女众多，与袁家结亲的也多为晚清民初的高官巨户，如袁世凯长子袁克定娶的是湖南巡抚吴大澂之女、长女袁伯祯嫁的是两江总督张人骏之子、五子袁克权娶的是两江总督端方之女，袁世凯甚至还有意让三女袁静雪嫁给清末最后一个皇帝溥仪。除此之外，袁的其他亲家还包括内阁总理孙宝琦、陕西督军陆建章、直隶总督杨士骧、江苏巡抚陈启泰、军机大臣那桐，甚至后继任民国总统的黎元洪、曹锟等。

这样一棵根深叶茂的大树，一般的小风小雨肯定是奈何不了的。即使摄政王载沣为了替哥哥光绪报仇玩出"爱卿脚有病回家休养吧"的把戏，袁世凯已不再担任党政军要职，依然如此。

1911年10月10日，革命党人发动武昌起义，并在一夜之间拿下武汉，随后墙倒众人推全国各地纷纷宣布独立。此时，在朝廷之中的载沣等人紧急商议之后决定派陆军大臣荫昌带着帝国最精锐的北洋军队前往镇压，但此时荫昌根本就指挥不动这支只知有袁宫保，不知有大清朝的军队。在前往湖北的路上，袁的老部下段祺瑞等人还专门跑到河南漳德拜访了袁世凯，请求指示。无奈之下，清廷只得卑躬屈膝请袁世凯出山，不过这回市场行情变了，袁世凯成了绩优股。清廷第一次开出的条件是湖广总督，袁世凯答复得很简单，脚病未好，不去。第二次，清廷催促，袁世凯乘机讲出了自己的想法，总揽全国军权。清廷无法，一班皇亲国戚商量之后认为现在的局势非袁出马不可，最后不得不授予袁钦差大臣，并命节制海陆各军。10月27日，初次交战中，袁世凯苦练了多年的北洋军队就把武汉革命军打得大败，按说，袁世凯此时应该是"宜将乘勇追穷寇"，可袁却偏偏来个见好就收，10月29日，袁世凯致书革命党临时总指挥黎元洪请求议和。早在此之前，袁世凯就曾命手下刘承恩给黎元洪写信议和。刘承恩是黎元洪的同乡兼朋友，但刘给黎的几封信，黎一直未回，实在等不及了，袁世凯这才亲自操刀要求讲和。革命党方面此时因北洋军队实力太强（武昌一战即是明证）也想就此议和，但由于双方立场差异太大，议和毫无进展。袁世凯是历史的过来人，深知以战促和的重要性。11月27日，按袁世凯的既定部署，北洋军队冯国璋部攻陷汉阳，至此革命首义之地武汉三镇只剩下武昌一座孤城，冯国璋打下汉阳后意气风华，打算一鼓作气拿下武昌，抢个头彩，谁知，袁世凯知道后勃然大怒，连发7道电报制止冯国璋。为避免冯国璋将在外军令有所不受，袁世凯甚至还把冯国璋的前线总指挥一职给撤了，改名另一亲信段祺瑞全权代理。

接下来的故事就有点老套了，袁世凯跟风古人玩起了养"寇"自重的把戏，并以此作为与革命党和清朝廷谈判的资本。据说，当时袁世凯曾给他的幕僚们讲过这样一个故事。他说，各位，你们知道怎么拔树吗？专用猛力去拔，是无法把树根拔出来的；过分去扭，树一定会断折。只有一个方法，就是左右摇撼不已，才能把树根的泥土松动，不必用大力就可以一拔而起。清朝是棵大树，还是棵两百多年的老树，要想拔这棵又大又老的树，不是一件容易的事情。闹革命的，都是些年轻人，有力气却不懂如何拔树，闹君主立宪的又是老年人懂

得拔树却没有力气,我今天忽进忽退,就是在摇撼大树,等到泥土松动了,大树不久也就会被拔出来了。

袁世凯以为这真是走了一步好棋,可谁知,清朝廷虽然被成功瓦解了,但这群当初为迫使清廷退位所养的"寇"却越来越重,最后重得他这只负重能力十分优秀的骆驼都有点喘不过气了。特别是那个湖南人宋教仁,不仅反对他,还把国民党弄成了国会第一大党,嚷嚷着要组阁。这样的人,如先秦的李斯所说,如果不能收为已用,那当然只能杀掉了。

只是这杀人的事到底是领袖自行动手还是底下人揣摩圣意先行一步,或许永远都只能飘忽成历史的疑云了。

第二篇
雷人雷事

  由于时代变迁，现代人看古人，常常是隔山望海，云里雾里。本章就从古人生活中一些理所当然的琐事出发，告诉您一个比现代网络更雷人的古人世界。

老子犯罪阉儿子

> 犯罪阉割倒并非什么新鲜事，但犯罪了不阉割犯人反倒要阉割受害者就确乎有点匪夷所思了。

《大清律例》是中国封建法治史上的集大成之作，可以说代表了中国封建社会法治史的的颠峰。不过，就是这部历来为人们所称道的《大清律例》，其中仍存在着很多令人匪夷所思的东西。

清朝的大才子袁枚在他的《续子不语》中记载了这样一件旧事：陕西山阳县有个老无赖，姓赵名成，此人狼心狗肺，丧尽天良，竟然乘儿子外出打工的机会，持刀强迫自己的儿媳妇与自己通奸，媳妇无奈只得顺从。儿子回来后，媳妇把事情的原委告诉了儿子。儿子也知道父亲素来无赖，没法子，夫妻俩决定搬到一个远离父亲的地方筑室而居。于是，小两口邀请了他们的娘家亲戚牛廷辉一起到计划好的地方居住，准备从头开始全新的生活。

但是没几天，善于跟踪的赵成就找来了。他这次来的目的还是同媳妇通奸，但是碍于牛廷辉和儿子友谅两个成年男人，一时半会赵成无从下手。恰好这时，他听说儿子儿媳现在住的这个村里有个叫孙四的恶霸，凶悍异常、力大惊人，平时村里人都很忌讳和他打交道，对他敬而远之。于是赵成找到孙四，经过一番简短的交谈之后，两人定下了"杀牛廷辉，并嫁祸于友谅"的计策，赵成许诺事成之后把儿媳妇让与孙四。得到赵成的许诺，光棍孙四怦然心动。

二人于当晚持刀潜入牛家，杀死牛氏夫妇和其子女一家上下五口，然后趁天还未亮跑到县衙报官，说此事系友谅所为。县令命左右把友谅擒来，友谅先是拒不承认，后在严刑逼供下，不便指认其父，痛哭之下只能勉强认罪。

案件到这里总算有了个结果。赵成听说案子就这么稀里糊涂地结了，整个事情的进展都在自己的计划之中，心情很好，骑着一头小毛驴一路高歌回家了。到家后媳妇见到赵成，痛恨异常，破口大骂：虎毒尚且不食子，你自己杀了人还在这里高唱什么快活曲？人眼不见天眼见，总有一天你要遭报应的，不得好死。赵成做贼心虚，被媳妇这么一骂，面红耳赤，半天说不出话来。

而这事不巧又被眼尖的朝廷耳目看在眼里，上报了县令。县令觉得事有蹊跷，命人把赵成绑到县衙公堂，追问案情究竟如何？刚开始赵成口风很紧，拒不认罪！不得已县令动用了酷刑，命左右烧毒烟熏灌赵成的耳鼻口目，疼痛难忍之下赵成才把案情的始末和自己与孙四预定计划的事完完整整交代了。

尘埃落定，水落石出，真相大白于天下，接下来的问题是怎么处罚了。这次轮到那本我们所熟知的《大清律例》来唱主角。按律：杀死一家五口者，也需要用一家五口的性命相抵偿。这样一来，虽然整个事情并非友谅所为，而且他还是此案的受害者之一，但因为他是赵成之子，父亲杀了人他还是得跟在父亲屁股后面买单！以命相偿。

假如事情到这里完了，也只能算是个很普通的事件，没多大意思。奇就奇在当各级官员向上禀告事情的始末时，出于对友谅的同情，在给乾隆皇帝的奏章中把友谅的事情提了一下。看到官员们的奏疏后，乾隆帝特地下了一道谕旨：论情理，赵友谅应该得到赦免，但其父赵成伤天害理，罪不容诛，像这样的人是不应该有后代的。所以，特判赵成凌迟处死，而其子友谅则施以宫刑，百日满后充军黑龙江。

相比乾隆的这道手谕，《大清律例》中的那条"杀死一家五口者，也需要用一家五口的性命相抵偿"的法令明显不够大气，显得相当小儿科。按照乾隆的想法：赵友谅是应该赦免的，但他的父亲罪大恶极，像这样的人不配有后代来延续他的香火。但如果赵友谅不死，难保他会生出个一男半女，而这一男半女当然也是他父亲赵成的后代，这样跟乾隆皇帝的想法就冲突了。于是，天才的乾隆发挥了超人的想象力，把赵友谅一刀阉割了事。可怜那孝顺老实的赵友谅，平白无故就这么做了太监，这事能怪谁呢？

中国老百姓几千年来就在这样的法律体制，或者比这个还不如的法律体制下苟延残喘。原本以为《大清律例》搞不定的事，乾隆亲自出马可以摆平，哪知道乾隆一出马事情更糟糕。或许这就是几千年来中国封建社会法治的一个缩影吧！

法律制度的不健全必然会生出很多稀奇古怪的案子，当这些案子在现在的法律框架下找不到更合理的处理方式，或者当情与法产生冲突时，就轮到人治出马了。人治有它的好处，但是它的弊端同样一目了然。它那种不成文的约束常常带有很大的随意性，张三犯罪的时候，可以突发奇想用这个处罚，换成李四，又变成另外的惩罚。

在本案中，明明是受害者、需要法律来保护的友谅却反而成了法律的牺牲品，而且这种不合常理的事情还不止一次。当乾隆帝了解了事情的原委后，他原本可以挥动人治的那根大棒来救友谅一把，而偏偏他只救了一半，让赵友谅落得个生理残废的下场，也让中国的封建法治落得个生理残废的下场。

卖痴呆

> 商品社会，做生意的海了去了，衣裳裤子、日常用品、南杂百货，卖啥的都有。但如果我告诉你还有人卖过痴呆，不知你会不会小小的惊讶一下？

听说过卖吃卖喝，卖生活用品，卖牛肉卖面包，卖洗发水，打火机甚至像《水浒》里孙二娘那样卖人肉包子的，但就没听说过这世上还有卖痴呆的。

痴呆是个什么东东？难道这东西还能买卖？

顾名思义，痴呆就是白痴、傻瓜，白痴不白，傻瓜也不是真的瓜，这东西卖给谁？你说卖聪明才智，卖点子，卖创意，我就忍了。但这痴呆既不管饱也不管暖，况且痴呆还不是什么褒义词，跟他搭档的一般都是嘴角流淌着口沫、目光游离的主。这东西居然还有人拿去买卖？

你还真别说，历史上的确有卖痴呆这么回事，南宋范成大就有一首《买痴呆词》："除夕更阑人不睡，厌禳钝滞迎新岁。小儿呼叫走长街，云有痴呆招人买。……栎翁块坐重帘下，独要买添令问价。儿云翁买不须钱，奉赊痴呆千百年！"从范诗里，我们可以看出，这痴呆不仅可以买卖，还可以赊销。没钱！没关系，你想要你先拿去就是了，赊个十年八年不是问题，千儿八百年也没事。既然这东西不管暖也不管饱，你买回去之后能做什么呢？答案是什么也做不了，因为你把别人的痴呆买了，他的痴呆就转移到你身上了，你就成了痴呆了。当然这是笑话，假如痴呆都可以转移，就不知道这世上会有多少人会像《卖车》、《卖拐》中的小范那样被赵本山忽悠了。

　　原来这卖痴呆只是宋朝时候江浙一带的民俗，相传吴人多呆，所以大人小孩都比较忌讳这个事情，想把它卖出去。于是每到除夕夜就可以看到这样的场景：成群的小孩打着灯笼，沿街叫卖痴呆，意思是要把自己的痴呆卖掉，好让自己变聪明一点。范成大另一首《腊月村田乐庄子十首序》载有："分岁罢，小儿沿街呼叫'卖汝痴，卖汝呆！'"这大概就跟小时候突然受了惊吓，大人会对着孩子的额头连亲三下，亲一口吐一口唾沫说一句："狗叼走了！"更多的只是一种习惯和心理暗示吧！

做局的学问

> 正统的学人常常看不起草根的智慧，但在现实生活中，那些由草根们做出来的局很多时候都要比一线导演拍出的电影精彩得多。

不要小看做局，往小处讲做局凭的是智慧，往大处讲，做局是一门学问。

俗话说，人在江湖漂，哪有不挨刀。

那么在江湖那个无序的圈子里，挨刀的人自然比比皆是，只是有时候挨刀的人不仅不痛，反而心甘情愿地把头凑上去挨第二刀、第三刀。另外，有的人甚至被骗了还要对骗他的人感激涕零，握手言谢。俗话说得好，由你奸似鬼，也吃洗脚水。道高一尺，魔自然就跟着长到了一丈，江湖险恶，让人防不胜防！

过去的人很多都知道江湖术士的那一套"点铁成金"的把戏，所以很多土财主并不满足于家里那点积蓄，都巴望着哪一天巧遇某位所谓的高人来帮自己一把，把手中的点金棒一挥然后让自己家里的那些废铜烂铁瞬间都变成价值连城的金银。

于是，有些所谓的丹士利用世人贪财的弱点，做出了一起起在常人看来眼花缭乱匪夷所思的局。丹士先是制造了很多假银器，雇请了很多随从，坐着豪华的轿子招摇过市，花钱请了几个外地的妓女冒充自己的妓妾。把场面闹得很大。沸沸扬扬，满城风雨。很多人都知道近来外地来了个神秘的丹士，富可敌国。于是有人就开始想着结交这个神秘的丹士，丹士先是故作清高，摆出一副姿态，吊足了来人的胃口，来人于是更加不遗余力地来拜访，对丹士的信任进一步加深，丹士这个时候才适时地抓住战机，把点铁成金的秘密倾囊相告，末了还不忘加一句，切勿对外人言！到这里来人抛弃了所有的疑问完全相信了丹士的话，再你旁人如何点醒都无济于事了，就算来八头牛恐怕都拉不回他来了。来人把丹士请到家里，好酒好肉的款待，过了快一个月，来人觉得是时候了，就向丹士表明了自己的想法。丹士先是说了一通委婉的话，然后说看在来人对他这一直以来殷勤款待的份上，他权且破一次例，为来人点化十万两银子，多了就不能点了。十万两早已吊住了来人的胃口，这时，丹士说话了，他这点铁法很怪，先要两千两银子做为药引，不然办不成，来人那还想什么，他就一门心思等着那十万两银子出炉呢。于是马上让帐房支付了两千两银子。丹士也像模像样地开始做起法来。大概练了十来天，突然来了一个哭得眼泪哗啦的道童，道童说家里有事，需要师父紧急处理。于是丹士请求告别，为了不让来人怀疑，丹士说，我就回去把事情处理好了马上赶来。这几天就让我的妓妾代我守炉。其实在这过程中，道童和丹士已经把那两千两银子转移了。而且他们早商量好了，让妓妾去勾搭来人，来人挂念那十万两银子，经常有事没事就跑去看那练金的炉子，久而久之就跟那所谓的妓妾有了奸情。等过了大概五六天，丹士风尘仆仆地回来了，回来之后丹士把炉子打开，他故作惊讶地大惊失色道，坏了，全坏了。怎么会这样？于是问妓妾，妓妾先是假装什么都没做，最后还是当着来人的面承认了苟且之事。丹士装出一副怒不可竭的样子说，此事尚小，但由于这炼金之事最怕的就是这男女苟且之事，所以这金恐怕是炼不成了。搞得来人十分不好意思，来人自觉理亏，对不起丹士，于是又赠送了他一些金银作为补偿，丹士接受了，带着一脸的无奈和满心的喜悦离开了。而这时候，来人总算放了一口粗气，他还庆幸着自己和丹士妓妾之事没暴露出去。

你看人家这局做的，确实充满学问，甚至都细腻到小提琴的感觉。处处主动却处处表现得被动，其实一切都在丹士掌控之中，再聪明的角色只要进了这局，恐怕想要轻松地抽身都是那一个字"难"！

再来个更绝的，说嘉靖年间，上海那地方有个相信丹士的富翁，高薪延请了一个丹士替他炼金，丹士说炼金得看地方。不知道你这地方行不行，先别炼多，练个100两试试看吧！但是必须要十两银子做药引。看这十两银子也不是个什么大数目，富翁爽快地答应了，过了大概半个月，丹士打开炉子，邀富翁一起来看，果然里面练出100两白花花的银子。于是丹士说看来你这地方不错。下一步就多炼点，炼个五万两吧，但这需要五千两的药引，因为有了上次的甜头，富翁本来将信将疑的心彻底被丹士忽悠得没谱没边了。富翁马上找来五千两银子作为药引。那知过了几天，富翁进门一看，奶奶的，哪还有个人影，丹士连个屁都没留下。早一走了之了。到这里，富翁才知道自己受骗了。于是想出门散散心。真不巧，某一天，在苏州二人相遇了，还没等富翁说话，丹士就把富翁请到一家最好的酒楼，道歉赔罪。并给富翁指了一条明路，说现在山东首富，家里金银堆积如山，现在我准备去行骗，正好少一个帮手，不如我们结伴一起做，做成这票不仅把你那五千两补还给你，还五五分成，你看如何？富翁急于想要回自己那点钱，于是答应了。丹士要富翁装扮成自己的师傅，于是富翁把头发剪了，穿起道袍。二人就去了山东首富家，一见面，富翁和山东首富，二人颇有共同语言，山东首富说起炼金一事，富翁因为自己也不懂，就说这些事现在我都是让我的徒弟们去做。于是丹士又开始炼金，同样问富翁要了几千两药引。富翁则每天跟首富交谈宴饮。首富虽然心里没底，但是想到反正自己每天跟师父在一起，想他们也做不出什么出格的事来。哪知道，某一天早上起来，仆人开门一看，哪还有丹士的影子！首富知道自己上当了，便把富翁拿到县衙告状，好说歹说，左调查右调查才终于查出来，眼前这个师父其实也是被丹士骗过来的。于是把他遣送回了上海，据说到上海的时候，富翁还穿着那件令人啼笑皆非的道袍。

非诚勿扰之北宋相亲

> 从来没有一个时代像今天这样，婚姻变得如此艰难，不信，你看宋朝人，几乎天天都是阳光灿烂的日子。

借助冯小刚的一部电影，时下电视相亲类节目又再度尘嚣日上，火爆异常，看热闹的，赚吆喝的，一拨接着一拨。很多人觉得这样的生活有趣，至少比过去有趣，甚至有的人从清宫戏习来的历史知识中坚信相亲这劳什子就是现代人的发明，古人都是不到洞房花烛夜连对方的模样都搞不清楚的。其实这最后一条那都是理学兴盛后的事，在此之前，社会生活之鲜动活泼跟现在没太大区别，人们该吃吃、该喝喝、该玩玩，没那么多道德上的条条框框。如宋人在结婚前就会跟现代人一样跑来跑去相亲。

宋人吴自牧在《梦粱录》里说到过北宋人的相亲。先是媒人把自己掌握的女方信息包括生辰八字等以草贴的形式告知男方，男方家长看过草贴后，请人测算，看男女双方是否相克，如不克，且有意交往。男方就在女方草贴送达后的一个月内，选一个良辰吉日请媒人把自己这边认可的消息告知女方。然后男女双方约定一个时间地点交换"定贴"。所谓"定贴"其实也就是男女双方除生辰八字之外的信息的一个补充，以加深男女双方对彼此的了解。定贴中一般包括如下信息：男方上溯三代的官职、品级、名字，本次议亲的是第几个孩子，生辰年月如何，父母是健在还是去世，是否愿意上门，家中有多少金银、田土、财产、宅舍、房廊、山园等。女方"定贴"中的内容跟男方差不多，但在女方的详单中还需增补一项，即嫁妆的名目种类及数量，如随嫁的田土、屋业、山园等。

定贴交换过后，男女双方可第一次见面。

男方准备好酒礼选一个良辰吉日到女家拜谒，这时女方招待男方，可到花园凉亭，也可到湖边画舫让男女双方相见。相见时，男方需敬女方四杯酒，而女方则只需喝两杯。然后就是二人自由交谈时间，以增进了解。一个上午或一个下午的相处之后，如男方对女方有意，就在临走时把一只金钗插到女方的发髻中，表示看上了对方。如不中意，就送给女方彩缎两匹，以示礼貌。如果男方给女方插了金钗，那这门亲事基本就定了，接下来几个回合的走亲定礼后就是正规程序的结婚。如果男方送给女方的是彩缎两匹，那么男方在出了女方家门后又可开始转战其他花园凉亭，湖边画舫。女方也一样，可以在自家的花园凉亭会见其他相亲对象。

当然，这其中也有时间不够，胡乱看几眼的。有个故事就说，一男子因腿瘸老大不小还没相到好亲，于是媒人给他出了个主意，说你下次相亲咱们就借口时间紧，你骑着马从女方家路过，看一眼，觉得满意就行了。男方觉得这办法好，于是让媒人把这想法转给女方家长，人家女方满口答应，还说，我们家这女的从小害羞，到时如果走得急，没看清楚，你们可得多担待点。媒人说那没问题。相亲的日子到了，男方骑着高头大马从女方家门前经过，女方躲在门后面，可能是真的害羞，男方只看见女方扒着门缝露出了半张脸，不过这半张脸让男方很兴奋，回去之后告诉媒人，说很满意，女方给媒人的回答也是很满意,于是双方接下来就开始谈婚论嫁,几个回合下来,双方步入正式渠道。红烛高照,香雾层层,洞房之夜,等男方把女的红盖头一掀开,顿时傻了眼,原来女方仅有半张脸,另半张脸不仅满是疤痕还瞎了一只眼。女方一看男方那条腿也明白了,这二位都是活该。

明清人的恶搞

> 恶搞并不是今人、俗人的专利，古来文人雅士好这一口的同样不少。

世人从不缺乏幽默，就像世人从来不会忘记恶搞。在民主渠道不通畅、话语权被某些既得利益集团高度垄断的社会，与其说恶搞是一种有意的斗争，还不如说是一种失声者极端无奈之下颇为文雅的发泄。

恶搞者，古已有之。在明人沈德符那本经典的《万历野获编》里，作者就说"京师向有谚语云：'翰林院文章，武库司刀枪，光禄寺茶汤，太医院药方。'盖讥名实之不相称也"。翰林院本是写好文章的地方，武库司本是藏好刀枪的地方，光禄寺本是出好茶汤的地方，太医院本是拿好药方的地方，现在都被人提出来，括上了双引号，其反讥之力殊为可观。更何况这种名实不相符的情景并不是某单位某部门的专利，而是一种朝廷之上的普遍现象。沈德符接着说："儒生之曳白，无如国子监；官马之驽下，无如太仆寺；历学之固陋，无如钦无监；音乐之谬误，无如太常寺；帑藏之空乏，无如太仓库；士卒之老弱，无如三大营；书法之劣俗与画学之芜秽，无如制造两房、文华开英两殿。"这些各系统各科室的分内之事到如今一股脑儿全变成分外之事，而且这分外之事还不是一般外，专家变外行，职业变业余，物极必反，简直到了登峰造极的地步。更令人望而生畏的是，类似的话语并非仅此一例，清陈康祺《郎潜纪闻初笔》即有"翰林院文章，太医院药方，光禄寺茶汤，銮仪卫轿杠"，与之无甚区别。清考据大师章学诚的《乙卯札记》则引《戴斗夜谈》云，京师相传有"十可笑"："光禄寺茶汤，太医院药方，神乐观祈禳，武库司刀枪，营缮司作场，养济院衣粮，教坊司婆娘，都察院宪纲，国子监学堂，翰林院文章"。所记与沈德符也大同小异，只是内容上稍有出入。

  站在精英们的立场，用这样的方式来排解内心的情绪也算是等而下之了。其实站在山顶上的精英们可能不曾想过，只有等而上之被堵塞不通之后，等而下之才会成为人们的选择。有人天生愿意唱反调么？恐怕没有。

  "十可笑"之外，章学诚这个也算等而上之的人又自拟了四条"日讲官讲章，鸿胪寺排场，两衙门关防，大理寺法堂。"看来这名不副实的事海了去，并非一时一地，也并非一单位一部门的私事，而是一种极为普遍的社会现象。拿着国家的俸禄，花着纳税人的钱，却没做成一件像样的事，非但没做成，往往还把事情做得适得其反。就算是适得其反了，谁能怎么样？不能怎么样，于是就有了这些长长短短的恶搞语言。

  其实如果仔细品读你就会发现，无论是《万历野获编》还是《郎潜纪闻初笔》、《乙卯札记》，它们都是王朝中后期的作品，各人所记之事也大抵是各人当下生活的现实。那么为什么在王朝建立之初，罕有这样的现象呢？大抵开创之初，国家和社会都有一种向上的朝气，人人都奋发图强，待到王朝运转正式进入某种轨道，后世之人因循守旧，于是官场沉暮，一千年前，大政治家王安石就在他那篇著名的《答司马谏议书》中说，当时的为官者"人习于苟且非一日，士大夫多以不恤国事、同俗自媚于众为善"。各级官员按资排辈，做事者少，请托者多，应酬日多，诸事荒废，国家也就无可避免地走向萎靡和消亡。代复一代，朝复一朝，明朝如此，清朝如此，就离我们最近的中华民国亦复如此。

民国何德刚在他的《话梦集》中，记载了与上文并无多大区别的四条"翰林院文章，銮舆卫刀枪，太医院药方，骡马市皮箱"的俗谚，可见这样的事向来是一脉相承，流传有序。那我们现在生活的时代有没有？有？或许没有！我不知道，真的不知道。

报应和法制

> 中国人出了名的好谈因果,除了过过嘴瘾,还有更深层的原因。

有人说,中国古代的俗文学只有两种题材——侠义和公案。这话算是说到点子上了,不信你到网上去一览,《七侠五义》、《三侠五义》、《小五义》、《彭公案》、《施公案》、《龙图公案》。一面是超越于法制之外快意恩仇的侠客,一面是顶住压力秉公办案的清官。看上去似乎二者没有多大关联,而实际上这些文学作品都贯穿着同一个主题——因果报应。

小说中的因果报应

故事常常说的是某个有权有势的乡绅,为富不仁,强抢民女。人家不从,乡绅就派豺狼般的手下把民女的家人一通乱打,结果老汉被打得头破血流,上了年纪弄坏了身子骨不说还被打爆了一只眼睛。到这里事情暂时告一段落。几年以后,多年没有生育的乡绅烧香拜佛,日盼夜盼终于盼来了个儿子,可当儿子生下来一看,坏了!居然少一只眼睛。

当然这是小说家言，当不得真，但既然有人愿意排着长队买来看就说明有市场，而市场是不会骗人的。以前人们常说，书籍是不可或缺的精神食粮。既然是粮食，那就不管是香喷喷的大米饭还是难以下咽的高粱糊糊，吞下去了只有一个目的——充饥。

几千年的封建社会，不但普通老百姓看不到光明，就连一般的读书人也很难认为自己就是既得利益者。

大把大把扔信的名士

魏晋南北朝有个名士叫殷羡，字洪乔，做过长沙县令，后来升调到了豫章（大约在今江西南昌一带）。赴任之前，很多朋友跑来相送，一番客套话之后托他顺便给远在豫章的亲友带封信。某个人这么一顺便倒是不打紧，关键是几百个人都这么一顺，殷洪乔的任务就重了，几百封信，好几十斤，看着不算沉，但真往肩上这么一扛，也挺压肩的。更何况，殷洪乔自诩为名士，这捎书带信的事哪是他干的，不过这话他没说出来。

当着众人的面殷洪乔很热情地一一答应了。结果赴任的船刚到南京，殷洪乔就把人家当初托给他的信一封一封取出来扔到了江中，然后跪在地上念念有词道："沉者自沉，浮者自浮，我殷洪乔不是邮差。"

信没了可以再写，托信的人只好自认倒霉，想来想去最主要还是怪自己所托非人，至于追究的事那就算了，顶多在言语上再表示下愤慨就得了。一件小事你硬是生生弄成世界大战，不好。

但这时因果报应不干了。你殷洪乔能干这事，既然你死得早，我来不及报你这一因，我就把果送给你儿子吧。殷洪乔的儿子叫殷浩，有虚名，可真正带起兵来却是屡战屡败，于是大将军桓温一道奏疏就要了他的乌纱。不过事情过去很多年后，有一天大将军桓温不知怎么的又想起了他，就给他写了一封信，表示将举荐他出来做官，问他是否愿意。殷浩得书后，兴奋了一宿没睡，郑重其事地回了封信，本来都装进信封了，可仔细一想好像某个地方用词还应该斟酌斟酌。于是把信拆了，重写，如此者十，终于满意了，觉得信完美无缺了，才安心地睡去。过了不久，桓温回信，说你送我一个空信封是什么意思？你清高不愿出来做官也就算了，你犯不着这样羞辱我吧。就这么着，殷浩的前途算是黄了。当时和后世的舆论都普遍认为这是报应，报的就是当年他老爸殷洪乔南京扔书一事。

法制无奈的现实

这样的故事看多了，你或许就会有个疑问：为什么几千年来中国人就如此好谈因果，中国老百姓的审美需求何以就这么特殊？原因很简单：都让社会给憋的。

中国几千年的封建社会，人治大于法治，权力赛过天良。不是说"衙门自古朝南开，有理无钱莫进来"么？受了冤屈得不到伸张，有了不平讨不回公正。也难怪窦娥会在杀头之前许下三桩宏愿：血溅三尺，六月飞雪，三年大旱。结果无不一一应验。老百姓长舒了一口气，那些做了亏心事的也难免"咯噔"那么一下子。

《增广》里说：善恶到头终有报，只争来早与来迟。当心中不再有法律的时候，人们就不得不去相信"头上三尺，必有神灵"。法律管不了的事，神灵来管。这就是几千年中国法制的现实。

动动太岁头上的土

> 格格公主，金枝玉叶，贵不可当。可在历史上，偏偏就有些奴才把这些娇贵的皇亲国戚折磨得死去活来。

在我们常人的眼中，皇亲国戚、金枝玉叶那是何等金贵，别说打骂凌辱，就是把这些具有高贵血统的主子们惹恼了都吃不了兜着走。唐时有个后来几乎尽人皆知的故事——醉打金枝，男主人公郭暧颇有点来头，他老爸是当红宰相，有大唐中兴之臣之称的郭子仪。况且郭暧也不是特意要去修剪这些金枝玉叶，标题上不是写得很明白么？醉打！喝醉了的事能当真么！那么在历史上真的有敢动动这些金枝玉叶，在太岁头上挖挖土的人么？答案是肯定的，这样的非寻常事件在明朝中晚期的宫廷中一时变得异乎寻常、屡见不鲜。

明朝的惯例，凡是公主下嫁都会派一个老宫人负责公主的起居事宜，俗称管家婆。按说，老宫人是公主的奴才，套用句政治经济学教科书里的话，应该属于私有财产的一部分，带着狗的脾性，公主叫他坐着不能站着，叫他趴着不能蹲着。但是这里恰恰相反，公主选配驸马以后，还住在王府的时候，公主不仅不敢依着往日的脾性对服侍他的老宫人大呼小叫，反而还要挖空心思讨好这些大大小小的奴才们，因为这些奴才们可以让驸马见不到公主，附马不大放血出个万儿八千两银子恐怕连公主的面都见不着，更别说其他正常的夫妻生活了。

万历时，皇帝的同胞妹妹永宁公主，好不容易熬到嫁人的年龄，找好了婆家，下嫁给梁邦瑞。但无奈梁邦瑞家底单薄，不像其他的驸马那样财大气粗，他虽然也懂得银子开路的道理，但是即使他把仅有的几个小钱掏空了也还是不够奴才们的胃口。天长月久，忧郁成疾，后来居然就这么一命呜呼了。据说他死的时候公主还是处女，然后就这样一直守寡到白头，你说冤不冤。

还有更绝的，而且这事也出在希奇古怪的万历朝。万历帝与郑贵妃的爱女寿阳公主，选配给冉兴让。冉兴让家里有两个小钱，几千几万的大手笔之后暂时收买了公主的左右奴才。夫妻二人也是处得相当好，恩爱非常，按照现在的标准应该让朝廷给发个模范夫妻什么的。

可是某个月的月末他们一不小心做了一件不该做的事。

一天，公主有事召驸马进宫，而当时寿阳公主的管家婆，正在同他所对食的宦官赵进朝大口吃肉，大碗喝酒。对食是明朝给宦官和宫女的一个特许，即允许他们结成菜户，也就是表面上的夫妻，或者说精神上的夫妻。

冉兴让看这些人在一旁喝得烂醉也就没上前去打招呼，径直进了宫。就这么一下，坏事了！管家婆怒火冲天，说冉兴让对自己不够尊敬，乘着酒性用藤条将冉打得体无完肤，然后用恶毒的语言把冉的祖宗十八代问候了一个来回，最后还死活把冉赶出了宫门。公主在一旁看着委屈，心酸又能怎样，只有好言劝和。谁知道，怒气未消的管家婆居然把公主当成了出气筒第二，好一通数落。公主那娇贵的身躯那受过这等委屈，哭哭啼啼跑开了。

第二天一大早，公主就直奔母亲郑贵妃住的宫殿。俗话说，你有张良计，我有过墙梯。管家婆早就防备了公主这一招夺命鸳鸯腿，来了个恶人先告状，抢在公主前头向郑贵妃说了很多公主和驸马的坏话，小到夫妻俩平时行为的不检点，大到小两口对国事的胡乱评论。

当公主跑去见郑贵妃的时候，听了管家婆一面之词的贵妃正在气头上，不管公主如何苦苦哀求，就是不予接见，最后还下通知让公主回去自省清楚之后再来。

水路不通，夫妻俩改走旱路，冉兴让连夜写了一封奏疏准备在第二天上朝的时候面呈皇上，请皇上主持公道。谁知，还没等冉兴让踏进宫门，昨晚跟管家婆喝酒的赵进朝就把他截住了。赵进朝带来哥们十几个，冉兴让就一个况且还是个手无缚鸡之力的白面书生，自然只有挨打的份。宦官们毫不手软，抓的抓头发，扯的扯衣服，拉的拉裤子，把冉兴让弄得衣裳不整，血肉狼籍，冉兴让连跑带爬甚至连官帽都不见了。可事情仍没有结束，当冉兴让走出城门的时候，眼前的一幕彻底让他傻眼了，自己来时乘坐的那些车马哪里还有个影子。自己带来的仆人在一旁不住地哭泣，见冉兴让过来，仆人委屈地说，车马被一伙公公给强行拉走了。

冉兴让也没有办法，只得跟仆人徒步回家。回到家怒不可歇的冉兴让决定再写份奏疏，他就不信"圣明"的皇上不会为他主持公道。可怜他这份奏疏还没完笔，皇上的圣旨就下来了：奉天承运，皇帝诏曰，然后是些斥责和诘问的话，譬如"不思进取"、"贪得无厌"等等，最后还指名要没收冉兴让的蟒衣玉带，发配国学反省三个月，为了防止读书人的那张臭嘴，皇上还特旨取消冉兴让上奏的权利。

谅你公主又何妨，还不是一样只能忍气吞声回家了事。更有意思的是责任的主要方——管家婆不但没受到任何处分，还明迁暗升地换了个更好的岗位——取回另差，只是不在寿阳公主手下做事罢了。而那些参与殴打冉兴让的宦官们更是问都没人问，就更不要说相关的司法处理了。

整个晚明社会诡异得令人眼花缭乱，摸不着北，其实这里面并不仅仅只是朝廷自身的原因。中国的封建王朝发展到明代，就一直在走下坡路，以至于当政者不得不依靠大量的特务组织来维持自己的统治，而这些组织的头目在正德后就开始由广大的太监充任，以至于胆大的王振居然敢把太祖高皇帝朱元璋亲自题写的那块太监不得干政的铁牌堂而皇之地拿掉。打那以后，老朱家的子孙们就受尽了奴才的苦，以至于到最后竟然被这些个同志弄到亡国，令人扼腕！

第三篇

科普揭秘

　　古代的很多事，看上去很玄，但只要你站在科学的角度，玄而又玄的东西背后掩盖着的就是一个普通得不能再普通的常识。

谁人赠我蒙汗药

> 蒙汗药的效果常常在小说和电视剧中被无限放大,以至于很多人怀疑这东西的真实性。其实在当今的现实中,蒙汗药、蒙汗药的解药是否存在,仍是未解之谜。

一本《水浒传》,给我们展示了一幅灿烂的江湖生活画卷,各路的英雄豪杰,贩夫走卒,打尖的,住店的,吃肉的,喝酒的。虽说是乱世,但也颇有点令人神往。不过假如生活在水浒的世界里,有一点你始终得注意:不管是行走江湖,仗剑天涯,还是四处跑跑做点小买卖赚个差价,只要有东西从你口中进去了,你都得做好被麻翻在地的心理准备。至于最后被孙二娘做成包子还是馄饨,那就要看你的造化了。

说起这把人麻翻在地的本事,在整本《水浒传》里排第一的可能要数十字坡的孙二娘。当时的江湖有谚:"大树十字坡,客人不敢过,肥的做馒头,瘦的去填河。"足见孙二娘这招屡试不爽,成功概率之高,可与现在的手术麻醉媲美,就连惯于行走江湖的山东武二郎都差点着了她的道道。而且有一点颇为令人奇怪,吃了她的蒙汗药后,一旦药力发作,就算对你整个人开肠破肚你都浑然不觉,更不可能被疼醒或者其他什么了。可见在古代中国,中药麻醉术发达得实在出人意料。那么究竟是什么东西居然会有这么大的魔力呢？

根据明人梅元实在《药性会元》中的记载："曼陀罗花与川乌、草乌合末，即蒙汗药。"看来这蒙汗药的配方还真够简单，其中最主要的一味就是曼陀罗花。

曼陀罗花，茄科，一年生有毒草本，夏秋开花，花冠呈漏斗状，多开白花。此花并非我国原产，而是在宋代由阿拉伯商人从海路传来。

北宋之前，在中原典籍里没有任何关于曼陀罗花的记载，目前能够见到的最早记载是南宋周密的《癸辛杂识续编》，书中曼陀罗花又叫做押不花，押不花是"曼陀罗花"阿拉伯语的音译。早在宋代刚传来不久，我国的医生就认识到曼陀罗花的功效，在宋朝的医书里有用曼陀罗花治疗咳嗽气喘和胃疼的记载。

明代李时珍的《本草纲目》也对曼陀罗花的药理药性进行了介绍。"八月采此花，七月采火麻子花，阴干，等分为末，热酒调服三钱，少顷，昏昏如醉，割疮炙火，宜先服此，则不觉苦也。"李时珍的这个配方跟梅元实的配方有所不同，但是效果却颇为类似。用酒调服，也总让人或多或少地想起蒙汗药来。对此我们不仅要问，那这曼陀罗花里究竟是什么成分在起麻醉作用呢？

现在医学研究表明，曼陀罗花的主要成分是生物碱：莨菪碱、东莨菪碱及少量阿托品，而起麻醉作用的主要成分是东莨菪碱。它们不仅能抑制人体神经系统的兴奋度，具有一定的镇痛作用，而且还能刺激同类药物的效力发挥。在梅元实的配方里，川乌、草乌中含有的乌头碱能起到麻醉作用，但是它们对人体产生其他危害，副作用大，慎用。假如用曼陀罗花与之搭配，不仅能消除彼此的副作用还能促进药效的发挥，难怪喝了蒙汗药的人睡得跟死猪一样，被人开膛破肚也浑然不觉。

比孙二娘更早，汉朝的名医华佗就曾经先用"麻沸散"对病人实施麻醉，然后再进行外科手术。《后汉书·华佗传》记载：每次手术前，华佗都会让病人"先以酒服麻沸散，即醉无所觉"。这里同样的也是用酒送服，于是有关专家考证，华佗用的"麻沸散"其实就是后世说的"蒙汗药"。日本有个外科专家就曾对"麻沸散"的组成成分进行考证，他的结论是：曼陀罗花、生草乌、全当归、香白芷、川芎、炒南星。这与传说中的华佗配方十分相似，传说中的"麻沸散"配方是："曼陀罗花1斤、生草乌、香白芷、当归、川芎各4钱，南天星1钱。"但日本人的研究和传说中的配方都有个共同的漏洞：因为在华佗生活的时代，曼陀罗花并没有进入汉人的视野，而是到后来宋代才由阿拉伯人传入。所以这个关于"麻沸散"成分的话题多半可能是后来的好事者言。

另外，有人说，"麻沸散"是中国最早的麻醉药，恐怕未必。战国时候的《列子》就记载有春秋名医扁鹊利用麻药的故事。据说扁鹊在进行外科手术前也常常让病人饮用一种"毒酒"。"鲁公扈、赵齐婴二人有疾，同请扁鹊求治，扁鹊遂饮二人毒酒，迷死三日，剖胃探心，易而置之，投以神药，即悟如初，二人辞归。"在这里扁鹊似乎比华佗更高明，他能够用"神药"让接受麻醉的人醒转过来。这让人想起了孙二娘在知道眼前人是打虎英雄武松的时候，随即让店里的跑堂给早被"蒙汗药"蒙得云里雾里的两位公人一人灌了一碗所谓的"醒酒汤"。

至于扁鹊的"神药"和孙二娘的"醒酒汤"是什么成分，现在已经不得而知了。但是根据近人的研究，中了东莨菪碱制剂的毒之后，可以用毒扁豆碱来催醒。如发生曼陀罗花中毒可以用绿豆皮、金银花、连翘、甘草煎水服进行解毒。或许这个常见药组成的强大药方就是解"蒙汗药"的"醒酒汤"也未可知！

女尸的胃容物

> 女尸胃里一粒未消化的种子展示了一幅灿烂的生活画卷。

1972~1974年,众多的考古工作者对位于长沙的马王堆汉墓进行了挖掘。在众多的出土文物中,夺人眼球的除了那件令人叹为观止的金缕玉衣外,还有一具保存完好的女尸。

经过专家的考证,女尸名叫辛追,系西汉时长沙国丞相利苍的夫人。在对尸体的解剖中,考古学家惊奇地发现,在女尸的胃肠内,竟然发现数百枚甜瓜籽,这一发现无疑对我国的农作物研究有着非凡的意义。但这并非是有关甜瓜的最早发现,上个世纪50年代,在浙江的钱山漾遗址中就曾出土过甜瓜籽。80年代,在江苏的龙南遗址中也发现过甜瓜籽,可见最迟在四千多年前的新石器时代晚期,我们的祖先就开始有意识地栽培和食用甜瓜了。

在先秦的重要文献《诗经》中,也有很多关于甜瓜的记载。有的是形容瓜苗长势喜人的,"帛系帛系瓜瓞,民之初生"(《大雅·帛系》);有的是形容果实丰硕众多的,"麻麦巾蒙巾蒙,瓜瓞唪唪"(《大雅·生民》);有的是关于瓜的收获和食用的,如"七月食瓜,八月断壶"(《豳风·七月》)。可见在辛追之前,甜瓜就已经深入人心了。

由于味道好，食用方便，甜瓜一直都是人们喜爱的消夏水果，直到今天也还是现代人冰箱中的常见之物。

在辛追之后的东汉末年，也有一则关于曹操吃瓜的典故。一天，曹操在水阁宴请手下，当时正值盛夏，酒喝好了，曹操就吩咐侍女们用玉盘进瓜。一个侍女于是双手捧盘低着头就进来了。曹操问："瓜熟了没？"侍女答："极熟。"曹操大怒，吩咐左右把侍女拖出去斩了。坐客骇然，低着头，大气都不敢出。接着，曹操又让别的侍女进瓜，其中有一个侍女非常机敏，见没人敢近前，于是捧着盘低头以进。曹操又问："瓜熟了没？"侍女答："不生！"曹操本来怒气就还没消，加上侍女这么一答，怒气更甚，于是命人把这个侍女也斩了。接着曹操再呼进瓜，这时候已经没有人敢动弹了。在曹操的众多侍女中，有一个叫兰香的，是曹操平时最喜欢的侍女之一。她见没人敢前，但这瓜又不得不进，只好硬着头皮上了。曹操问："瓜熟了没？"兰香答："甚甜！"曹操这次情绪更加激动，大呼："速速与我拖下去斩了！"不到三分钟的时间连续杀了三名侍女，纵使那些见惯了流血牺牲的将军们也不免大惊失色，纷纷低头请罪。曹操把众将扶起慢吞吞地说："这事跟大伙没关系，大伙坐好，听我把原因道来。前两个侍女服侍我已经多年，可回答我的问话都是随口而答，根本没经过大脑，之所以杀她们，实在是因为她们太愚蠢了。而兰香来的时间并不长，但是回答问话却颇能符合我的心意。我乃用兵之人，最忌讳的就是这个了。之所以要杀她，实在是因为她太聪明了。"

真是伴君如伴虎，太蠢了不行，太聪明了也不行。跟在曹操手下混口饭吃还真不容易。故事出自六朝刘义庆的《世说新语》，纵观整本《世说新语》，能与曹操一较高下的恐怕只有太尉石崇了。石崇跟王恺斗富的故事很有名，石崇富可敌国，事事都忘不了秀一秀暴发户的派头。

每次宴客，他都要请若干侍女斟酒，假如哪位侍女斟的酒客人们推辞不喝，他便让边上的侍卫把侍女推出去斩了。久而久之，客人们都知道他这个脾气，为了避免吃顿饭还吃出什么血光之灾来，只要是有人劝酒，客人们即使不能喝也勉强为之。但这一天，石崇碰到了一个硬角色——大将军王敦！眼看着边上的客人都一个个醉了，王敦却依旧我行我素，滴酒不沾。石崇接连杀了三个劝酒的侍女，王敦硬像什么事都没发生一样，该吃菜吃菜，该盛饭盛饭！这时，就连他的侄儿丞相王悦都有点看不过意了，劝叔父姑且也饮个一两杯意思意思。谁知王敦转过身对着王悦大喝："他自己要杀人，关我什么事！"众人均是一身冷汗。

曹操的破事估计只有石崇有得一拼，拿别人的性命开玩笑，这样的事还是少干的好。

回到甜瓜上来。对于甜瓜的食用，元代的王祯可谓一针见血，"不出乎甘香而已"。传说古时候有位公主生病，不思饮食，太医们遍翻医书，苦无良策。这时恰好有位大臣向皇上进贡果品，公主闻到香味，一口气吃了几个，胃口大开。皇上问是何物？左右说，是甜瓜！从此甜瓜名扬天下，被列为了贡品。

这个故事未必可信，但是它反映了甜瓜同很多食物一样，具有很好的食疗效果。中医理论认为，甜瓜性寒，味甘入心、胃经，具有清暑热、解烦渴、利小便、护肝肾、催吐杀虫之功效。对于风热痰涎、宿食停滞等病症更是有显著疗效。难怪在食用了几个甜瓜后，公主食欲大增，病也就这么痊愈了。

此物后必大行于世

> 美国干吗要打伊拉克?或许沈括在一千多年前说的就是最好的答案。

节节攀升的价格和最近发生的利比亚危机又一次将全球的视野聚焦在了一种黑色液体的身上。它用途广泛,历史悠久,它的每一下变化都牵动着世界的神经,它就是有"工业血液"之称的石油。

燃烧的石油

我国是世界上最早发现并开始利用石油的国家之一,石油在典籍中名称很多,有石漆、石脂水、火油、猛火油等,现在通用的"石油"一名首见于沈括的《梦溪笔谈》,"鄜、延境内有石油"。

但有关石油的最早文字资料是成书于西周时期距今三千多年的《易经》。书中说"泽中有火","上火下泽",这里的"泽"指的是湖泊,而所谓的"泽中有火"据石油专家的解释描述的正是石油蒸汽在湖面自燃起火的现象。

当然,《易经》讲到仅仅只是大自然中的一种普通现象,还没有充分认识到石油的性能和用途。大约在两汉时期,人们发现石油的这种燃烧性其实可以挪作民用。在班固的《汉书》里，他明确写到："高奴县有洧水可燃"；"定阳，高奴，有洧水，肥可蘸"。高奴县在今天的陕西延安一带，洧水是延河的一条支流。其中"肥可蘸"，"肥"指的是水面浮油层比较厚，"蘸"指的是用羽毛采集水面浮油。可见早在两汉时，先人们就已经开始有意识地利用石油了。

在稍后范晔的《后汉书》里，类似的记载就更加明朗，"（延寿）县南有山，石出泉水，大如，燃之极明，不可食。县人谓之石漆"。这里的"石漆"指的也是石油，"燃之极明"一句更是说明那时的人们已经开始把石油作为照明之用了。但是石油的照明效果到底如何呢？这里没有说明。但是根据沈括在《梦溪笔谈》里对自己亲身试验的记载，石油照明的效果很不好，其中最主要的缺点就是油烟太大，"（石油）颇似淳漆，然之如麻，但烟甚浓，所沾幄幕皆黑"。用现代化学的分析方法，油烟太大乃是原油中所含杂质过多所致。于是古人又想到了制成石烛，两宋著名诗人陆游在其《老学庵笔记》中，就提到自己用"石烛"照明的事。石烛燃烧时间较蜡烛长，但是油烟依然很大，所以没能取代蜡烛在当世和后世推行开。

油烟太大对照明来说是一件坏事，但对于制墨却是一件天大的喜事。在沈括的《梦溪笔谈》里，作者就曾亲手将沾在幄幕上的油烟扫下来用于制墨，"黑光如漆，松墨不及也"。据说沈括用石油制成的墨还受到当时的制墨行家大文豪苏东坡的赏识，可惜后世没有人传承下来。

此外石油燃烧还有一个特点，遇水不熄。因为石油属于油脂，与水不相溶，所以当石油着火后以水灭之，往往是徒劳无功，有时甚至还越烧越旺。古人也很早就注意到石油的这个特点，《太平寰宇记》说"（石油）得水则愈炽也"，于是在古代就有人把石油运用到了战场。

在唐朝李吉甫所著的《元和郡县志》中有这样一段故事："周武帝宣政中（公元578年），突厥围酒泉。取此脂（石油）燃火，焚其攻具；得水愈明，酒泉赖以获济。"彪悍的突厥人骑着高头大马来围攻酒泉，守城的将士便点燃浇灌有石油的火把向他们投掷，见攻城的器械纷纷着火，突厥人首先想到的便是用水灭火，灭了半天，火越灭越大，最后突厥人傻眼了，于是酒泉之围遂解。这是石油在军事上非常成功的一次应用。到北宋时，西北的边防城市很多都配备了石油，用以对付随时可能围城的边疆少数民族。北宋曾公亮写的《武经总要》就把石油升格为不可缺少的军用物资。

燃烧之外的石油

除了燃火和制墨，石油也能用于润滑，就像今天市面上出售的种类繁多的润滑剂一样。晋代张华的《博物志》提到甘肃玉门一带有"石漆"，可以用于"膏车"和"膏水碓缸"，"膏"就是现在所说的润滑。《资治通鉴》也说，古人在出征前常常"秣马脂车"，也就是喂饱马匹，润滑好车轴，而且润滑用的也是石油。

另外，石油还可以拿来药用，对于石油药用论述最为详细的是明代李时珍的《本草纲目》："（石油）主治小儿惊风，可与他药混合作丸散，涂疮癣虫癞，治铁箭入肉。""气味与雄硫同，故杀虫治疮，其性走窜，诸器皆渗。惟瓷器、玻璃不漏，故钱乙治小儿惊热、膈实、呕吐、痰涎，银液丸中用，和水银、轻粉、龙脑、蝎尾、白附于诸药为丸。不但取其化痰亦取其能通透经络，走关窍也。"

可见在古代，石油的应用同样广泛，沈括在《梦溪笔谈》里对石油的评价一语中的，"此物后必大行于世"。果然，在一千年后的今天，石油不仅"大行于世"，而且几乎深入到了人们生活的每一个角落，没有了石油的世界难以想象。

时令蔬菜反季节的花

> 一骑红尘妃子笑,无人知是荔枝来。为了点水果,如此劳民伤财,至于吗?其实反季节,对于古人远没有我们认为的那么遥远。

隆冬时节,大雪纷飞,原本夏天才有的黄瓜西红柿陆续上市。与之对应,现在下馆子,老板总会变着法介绍一道内容不定的菜,春天是野葱荠菜椿木巅,三伏天是青椒黄瓜西红柿,立秋后是茄子苦瓜长豆角,到了冬天则换成香菜萝卜大白菜,你问老板,老板振振有词,这叫时令蔬菜。何谓时令?白居易说:"时令一反常,生灵受其病。"(《赠友》)这东西听上去有点玄,其实说白了,就是气候。河水什么时候解冻,杨柳什么时候飘絮,燕子什么时候北来,布谷什么时候鸣啼,大自然都有它自身的规律,到了该那啥的时候那啥了,就叫时令。

南朝刘宋人陆凯身处江南,一日出游见梅花满树,不禁想起此时身在北方的友人范晔,遂折梅一枝托人捎给范晔并题诗一首:"折梅逢驿吏,寄与陇头人。江南何所有,聊赠一枝春。"(《赠范蔚宗》)可见,当时在北方,这类似的事物还非常稀罕,不然陆凯也犯不着兴师动众让驿站的工作人员给范晔捎一支梅花。名满天下的大诗人苏东坡也有一首类似的诗："人间四月芳菲尽，山寺桃花始盛开。若恨春归无觅处，不如转入此中来。"(《大林寺桃花》)人间春尽的时间，在深山古刹间偶遇初绽的桃花，难怪一向颇能自持的诗人欣喜异常。不过这种种的不寻常还有个缺陷，那就是尚未逃脱大自然的鬼斧神工。陆凯折梅那是由于南北方经纬度不同，东坡遇花那是山上山下海拔高低有异。但如果就此认为中国古代一切东西都是严格按照时令产生的，那就错了。

早在秦王政时代，先民们就开始有计划地生产各种反时令作物，统一六国后，秦始皇曾命人在骊山一带种植反季节蔬菜。骊山也就是后来杨贵妃沐浴过的华清池所在，华清池是一温泉池，常年恒温43摄氏度，有温泉说明这一带地热资源丰富，在此处搞反季节栽培正好利用这一资源，算是找对了地方。但这还不能称为完美，因为条件限制，假如换了个没地热的地，这反季节的东西也就弄不成了。于是人们开动脑筋，《汉书·召信臣传》说："太官园种冬生葱、韭菜茹，覆以屋庑，昼夜燃蕴火，待温气乃生。"这句话颇有内容，短短的二十几个字至少透露了两个信息：一是反季节作物栽培在汉代已渐成规模；二是当时做法为"覆以屋庑"——盖大棚，此举能够减少室内室外的热传递，从而保证作物生的合适温度。"昼夜燃蕴火"——人工加热，"蕴火"即非明火，如炭火、煤火等。此举能有效弥补因室外气温偏低而过分丧失的热量。有了这样的技术，不用在骊山，在长安城的任何一个角落，汉朝人都能种出像样的反季节作物。不过这方法也有缺点，那就是耗费巨大，盖大棚要钱，烧火加热要钱，用经济学的话说就是固定成本和可变成本都太高，所以当时种出来的东西还不能成为商品，基本上都是皇室享用，到最后就连皇室也觉得过于奢侈，每年好几千万铜钱的付出只为了几根黄瓜、几片菜叶，怎么想怎么不划算。帝国很大，要用钱的地方很多。到汉安帝永初七年（公元113年），邓皇后下令，禁止宫室再用类似办法来生产反季节蔬菜。

后来三国魏晋南北朝，国家动荡，财政困难，这反季节的物什沉寂了一段时间。到了唐朝贞观开元年间，中原政权全面复兴，国力强盛，反季节栽培于是又被很多人提了出来，并有了进一步发展。为了降低成本，唐人改烧火增温为温泉水灌溉增温，为此政府还专门设了一个正处级的机构"温汤监"来管理此事。唐人王建有诗"酒幔高楼一百家，宫前杨柳寺前花。内园分得温汤水，二月中旬已进瓜"，（《宫前早春》）说的正是此事。到了元朝，这反季节栽培更进一步，连温泉水都不消用了。譬如种韭菜，"至冬，移根藏于地屋荫中，培以马粪，暖而即长，高可尺许，不见风日，其叶嫩黄，谓之韭黄"（王祯《农书》）。明朝则在元朝的基础上将此法推而广之，"种植瓜蔬，于炕洞内烘养新菜，以备春盘荐生之用。立春日进生（一作鲜）萝葡，名曰咬春"。（朱一新《京师坊巷志稿》）因为技术越来越成熟，产品于是也逐渐脱离了奢侈品的属性而转向为大众消费品。明人沈德符在其名著《万历野获编》中说："比年入京，赴一友社文，时才过夏至三日，案头插半开紫牡丹二三朵，方骇诧叹羡间，乃曰：'此寻常物，每花祇值百钱耳。'"到了近现代，这类东西就更让人习以为常，见怪不怪了。

天山下的"来客"

> 一粒种子可以改变一个世界，一段交流可以成就很多历史。

"葡萄美酒夜光杯，欲饮琵琶马上催。"（王翰《凉州词》）"遥看汉水鸭头绿，恰似葡萄初酦醅。"（李白《襄阳歌》）"葡萄满酌玻璃。已拼一醉酬伊。浪卷夕阳红碎，池光飞上帘帷。"（赵长卿《清平乐》）。这样的诗句，王翰能写，李白能写，赵长卿能写，但比他们名头更大的屈原却无论如何也写不出，不是屈原文采不出众，而是他缺乏类似的生活体验。

葡萄酒盛行于唐，始现于汉，跟屈原生活的战国末期风马牛不相及，既然关公战秦琼都只能是说戏人嘴里抖出的包袱，那么嗜酒的屈原自然也就不可能喝到这种用西域明珠酿造的酒。

葡萄酒第一次出现在中原典籍上是在司马迁的《史记》中："大宛以蒲桃（葡萄）为酒，富人藏酒至万余石，久者数十岁不败。"据同一本书记载，公元前139~前115年，张骞、李广利出使西域，然后把酿造葡萄酒的原料——葡萄经甘肃带回了内地。当时，跟着张骞、李广利一起到来的除了葡萄还有另外几种东西。

"张骞使西域还，乃得胡（核）桃种。"（张华《博物志》）从此这种有如人脑的东西开始成为中原人们生活的一部分。唐代段成式在《酉阳杂俎》曾这样描述他所见到的胡（核）桃树："树高丈许，初春生叶，长三寸，两两相对。三月开花如栗花，穗苍黄色，结实如青桃。九月熟时，沤烂皮肉取核内仁为果。"也就是通常我们见到的核桃仁。南北朝时期后赵的石虎就特别爱吃这个"沤烂皮肉"之后取出的核桃仁。每次吃炊饼，他都要"以干枣、胡桃瓤为心，蒸之使坼裂"方肯食用。

如果说葡萄和胡桃的到来只是为中原民众的生活增加几许亮色，并无多大实用价值的话，那么胡麻的传入则绝对可以称得上是中原与西域物质交流史上的一件大事。

中国食用油的历史可以追溯到两千多年前的西周时期，当时用的是动物油，凝结的称脂，融解的称膏。由于动物油的来源有限且不固定，于是人们开始寻找新的代替资源——植物油，不巧的是地大物博的中华古国偏偏缺乏优良的植物油来源。

早期人们习惯用蓖麻的籽来榨油，但蓖麻不仅产籽少而且籽粒的出油率也不高。这样，寻找一种优质的植物油来源就成了中原地区人们的当务之急。

成书于秦汉的《尔雅》里有个"苏"字，原注是"桂荏"。"荏"也就是白苏子，一种油料作物，籽粒可以榨油，而且出油率也不算低，但它却有个致命的弱点——无法密植。这个时候，胡麻适时地出现了。据《汉书》记载"张骞外国得胡麻"，北宋沈括的《梦溪笔谈》也说，"汉使张骞始自大宛得油麻种来，故名胡麻。""胡"暗示了它的来源，"麻"说明了它的用途同雌麻一样是用来榨油的。

由于胡麻单产、出油率高，油的质量也很好，所以一经引入就迅速在中原大地传播开去。《广雅·释草》里说，"狗虱、锯胜、藤宏、胡麻也"，翻译成现代文大约就是狗虱、锯胜、藤宏都是胡麻。一个新奇的外来物品，在信息交流极不发达的古代居然能一下子涌现如此多的别名，让人不得不佩服胡麻的传播速度。

陈寿《三国志·满宠传》记载："孙权至合肥新城，宠（满宠）驰往赴，募壮士数十人，折松为炬，灌以麻油，从上风放火，烧贼具。"把麻油用到战场上，就算到了农业高度发达的今天也不现实，更何况在生产力和生产水平都相对落后的三国时期，可见当时的胡麻产量确实很大。

除了用来榨油之外，胡麻还是一种极其优良的调味品，用它为佐料制作的胡饼在历史的很多时期都深受社会各阶层人士的喜欢。

根据东汉刘熙在《释名·释饮食》里的解释，胡饼乃是因其表面撒了一层胡麻而得名。东汉时，"灵帝好胡饼，京师皆食胡饼"，西晋时才子王长文"于成都市中蹲踞啮胡饼"，东晋时大书法家王羲之更是"坦腹东床啮胡饼"。到了唐朝，著名诗人白居易还曾写有一诗《寄胡饼与杨万州》："胡麻饼样学京都，面脆油香新出炉。寄与饥馋杨大使，尝看得似辅兴无。"可见，在唐朝胡饼流布之广，就连京城长安这种胡饼的二手产地都一夜间成了天下胡饼商们心目中的圣地。

到了今天，葡萄、胡桃、胡麻这些天山下的来客更是完全融入了我们的生活，成为了我们生活和生命中不可或缺的一部分。

前世今生说大豆

> 豆制品在今天多得让人眼花缭乱,但你知道,古人是如何吃豆的吗?

对于今天的人们来说,大豆早已不再陌生,各种各样的豆制品更是深入人心,但这都是后来的事。在先秦的时候,大豆远没有这么多的吃法,那时候大豆是作为主食的,煮熟了当饭吃,就像今天的大米。

在先秦的古籍里,有"豆"字,但那指的并非大豆,而是一种祭祀用的容器,真正的大豆在汉以前叫做"菽",古籍有记"中原有菽,庶民采之"。今天的人都知道大豆是一种很好的植物蛋白来源,它含有多种人体自身不能合成的氨基酸。豆浆中含有的雌激素更是有增白、美白、平衡女性内分泌的效果。但是在先秦,大豆却完完全全是一种穷人的食物,只有所谓的下等人才会去食用,因为在豆制品史上具有划时代意义的磨要到汉朝才发明。

大豆的口感不算很好,而且相当耐煮。石崇和王恺斗富的故事很多人都知道,但是这两个天字第一号富翁还比赛过熬豆粥恐怕知道的人就不多了。

石崇到王恺家做客，王恺请他吃豆粥，煮了老半天这豆粥还没煮好。后来王恺到石崇家做客，豆粥顷刻而成，王恺大为惊骇。百思不得其解，花重金买通了石崇的厨子，厨子才把真相告诉王恺。原来石崇每次煮粥时放的不是豆粒而是早就研好的豆末，所以煮熟得特别快。王恺回到家，如法炮制，果然。于是王恺也回请了石崇一回以示炫耀，石崇很奇怪，回去之后查明真相，一怒之下把厨子给剁了。

可见在石磨没有发明之前，煮豆子实在是一种不得已的选择。没有经过充分熬煮的豆子营养状况很差，因为豆粒外部有一层紧贴细胞壁的膜，它能够有效阻止人体内各种消化液对豆粒的破坏。在植物的进化史上，这样的结构能够保证豆粒不被野生动物所消化而是随着它们的粪便四处迁徙繁衍。

另外，大豆中还含有一种抑制人体内胰蛋白酶发挥效应的激素，如果这种激素在进入人体消化道之前没有被有效破坏，那么当它进入人体后就会影响到人体的消化吸收，这也是那些食用过量大豆的人常常感到腹胀难受的原因。

因为这些，大豆自然而然地被上流社会所抛弃而成了农民的专利。穷人和上层人物不一样，但是穷人的胃和上层人物的胃差不了多少，上层人物吃多了大豆会消化不良，穷人同样会。于是穷人想出了腌作咸菜的办法，古书里把这叫"苴"。《诗经·豳风》里说"九月菽苴，以食农夫"，意思就是九月份到了，大豆熟了，把它腌作咸菜来吃吧。做咸菜有个好处，可以充分利用外界的微生物对阻碍人体吸收的大豆种皮进行降解。其食用方法已经有点类似于今天的豆豉了。

另外值得一提的是大豆的嫩叶。在先秦的古籍里，它的学名叫"藿"，是一种蔬菜。《战国策·韩策》里有"民之所食，大抵豆饭藿羹"，说的就是拿大豆来做饭，拿藿来熬汤。这很容易让人想起今天的的青菜汤，估计做法也差不多，但味道可能相差很大。因为在先秦的文献中"藿食者"是个卑下的字眼，是与所谓的"肉食者"相对的。《说苑·善说》里记载了一次献公和祖朝的对话"献公使人告之曰：'肉食者已虑之点，藿食者何与焉？'祖朝对曰：'……食肉者一旦失计于庙堂之上，若臣等藿食者宁得无肝脑之涂于中之地乎？'"反过来，假如"藿羹"的味道真的很好的话，"肉食者"恐怕不会轻易放过这样一道美食吧。有意思的是，在《仪礼·公食大夫礼》中还记载有一种叫着"卜藿"的东西，前人多半认为那是一种"豆叶共煮的粥"。味道如何，不得而知，恐怕也好不到哪里去吧。

大豆可以当饭，豆叶可以做菜，就连茎杆也能当作柴禾。曹植有首闻名天下的《七步诗》"煮豆燃豆萁，豆在釜中泣，本是同根生，相煎何太急！"其中的"豆萁"指的就是大豆茎杆。这真是一种罕见的全能作物，再加上大豆耐旱，产量也高。到汉代时，大豆已经成了普通民众不可缺少的食物。中国最早的农书《氾胜之书》中就重点介绍了大豆的栽培技术，而且作者建议每人要种五亩大豆，以为"田之本"。还指出用当时比较先进的"区种法"种植大豆亩产可达十六石，大约相当于今天的亩产400斤，对于科学技术不很发达的古代，这样的亩产量其实已经接近于天文数字了。

但是随着磨的发明，小麦的生加工技术得到了进一步发展，再加上水稻的北侵，大豆也就逐步退出了主要粮食的行列，继而成了蔬菜和生加工的原料。明末科学家宋应星在他的《天工开物》里写道："今天下育民人者，稻居什七，而来（小麦）、牟（大麦）、黍、稷居什三，麻菽（豆）二者，功用已全入蔬、饵、膏、馔之中。"而到了今天，由于蔬菜品种的丰富，豆叶作菜早就成了风化的历史，现在用得最多的倒是成了肥田的绿肥。

岳飞的武功

> 岳飞，一个传奇的千古英雄，他的武功到底如何？

战士这一职业到底有多危险，没上过战场的人恐怕不知道。所谓"一将功成万骨枯"那是文学化了的说法，过于含蓄。民间风传的说法叫脑袋别在裤腰上，血盆子里挖饭吃。一个战士要在如此高危的环境下活过来，除了运气足够好之外，还需要非常过硬的基本素质，用今天的话说就是单兵作战能力强，用过去的话说那就是武功高强。

岳飞的一生，枪林弹雨，大大小小数百战，岳飞也因战功卓著从一个最低等的士兵逐步成长为掌握帝国帅印的四大将之一，于是这让很多人相信岳飞有着高深莫测的武功。金庸的武侠小说有一出："欧阳锋早听侄儿说过，这时心中一动，忽然另有一番主意：'我欧阳锋是何等样人，岂能供你驱策？但向闻岳飞不仅用兵如神，武功也极为了得，他传下来的岳家散手确是武学中的一绝，这遗书中除了韬略兵学之外，说不定另行录下武功。我且答应助他取书，要是瞧得好了，难道老毒物不会据为已有？'"（《射雕英雄传》）据考证，岳家散手在现实生活中确实存在，在如今的湖北襄樊岳飞曾长期驻军的地方，民间仍有人教习，其杀伤力到底如何，因未亲见实战不好妄下结论。

不过在武术中有所谓套路和散手之分，笔者小时候跟随父辈们学武术学的就全是散手。所谓散手就是把无数套路中杀伤力大、灵活性强、使用率高的个别动作拆开再重新组合起来，以期在实战中能更好地运用以达到最终克敌制胜的目的。与之对应，那些在实战中几乎用不上，仅仅是摆着好看而且常常在无意中把简单问题复杂化的武术动作，民间多称之为"花架子"。岳家散手既然敢冠以散手之名，想必威力不会太低，而且这很可能就是在长期的征战中岳飞教给部下的"军体拳"。至于现在流传下来的诸如六合枪、六合拳、形意拳、鹰爪拳等挂着岳飞名号的功夫，因缺少资料佐证，只能存疑。

那么岳飞的武功到底有多高呢？我们先来看岳飞的战绩。宣和六年（1125年），春三月，流民首领张超率数百众围攻故相韩琦别墅，当时岳飞22岁，正在韩琦家做苦力，张超为流民之首，恃勇在前，气势逼人，大有扫平韩家之势，岳飞爬上墙头引弓一发，箭镞穿张超喉而过，流民大惊，四下奔散。

靖康元年（1126年），夏六月，在前往榆次的路上仓促遇敌，手下畏缩，欲逃，岳飞一马当先，单骑突入敌阵，往返者四，杀敌将数人，是役乃胜。

是年冬，受命招降流民首领吉倩等人，时吉倩手下有380人，而岳飞只有100余人，力量悬殊。众所周知，谈判背后较量的是硬实力，也就是说吉倩的势力比岳飞大，他不一定听岳飞的。换了一般人，恐怕会给上司汇报工作的难度继而要求增派人手。但岳飞不是，他觉得100人太多了，他只带了四个人去。史书上说见岳飞一行只有五人"群贼惊骇"。由此可见，岳飞对自己的单兵作战能力是相当自信的，此出也很有点像三国里的"关云长单刀赴会"。不过本次招抚也并非一帆风顺，当岳飞对吉倩手下刚发表完招抚讲话时，人群中忽然有一人跳出要扭打岳飞（很可能是故意安排的），岳飞眼疾手快，一个耳光就将此人扇翻在地。

没多久，岳飞又跟着刘浩去解东京之围，在今天的北滑州南遇敌，敌人中有一将骁勇异常，挥舞大刀拍马而至。见到岳飞就是一招"刀劈泰山"，岳飞把刀一横，挡住，因二人力量都甚大，双方刀刃均入对手刀刃寸余，此时敌将门户洞开，岳飞顺势将刀刃一转，一道绯红的血光过后，敌将尸首分离。

靖康二年（1127年），春正月，战开德，岳飞连发两箭射杀金人执旗手两名。

二月，战曹州，岳飞兴起，把发髻拿下，头发披散（类似北宋名将狄青），挥舞四刃铁锏，如入无人之境，人挡杀人，佛挡杀佛，率众打败敌军直追奔数十里乃返。

秋八月，战新乡，在协同作战部队无法及时跟进的时候，率所部独自鏖战，擒敌人千夫长（猛安）阿里孛；再战侯兆川，士卒多重伤，岳飞全身上下也受伤十余处；又战太行山，擒敌将拓跋思乌，单骑持丈八铁枪刺杀敌帅黑风大王。

建炎二年（1128年），秋八月，战氾水关，敌营中有一将往来驰突，骁勇彪悍，岳飞在马上看得分明，跃马左射（用左手射箭），此人应声倒地。

建炎三年，春正月，流民首领王善、曹成、张用、董彦政、孔彦舟等率众20万企图攻打京城开封南熏门。时守将杜充命岳飞以2000人击退流民。敌营中有一将，自恃武功高强，前来迎战，岳飞独往，一招"力劈华山"将此人从头至腰劈为两半，敌众大惊，不战而溃。

……

从这些记载中我们可以看出岳飞确实勇猛，即使谈不上武功盖世，也绝对是打架杀人的一把利器。细细读来，岳飞的过人之处有二：

一是力量惊人；二是箭法超群。

岳飞的力量到底有多大。史书上给出的答案是"生而有神力"，不到20岁就能徒手拉开300斤的大弓，用腰打开八石的硬弩。那么这个"引弓三百斤，腰弩八石"究竟是个什么概念呢？据《宋史·兵志》："选补班直，……弓射一石五斗，弩三石五斗。"按宋时一石约为120斤，一石五斗即为180斤，也就是说，只要能够拉开180斤的弓，足开三石五斗的弩就可以入选皇帝的近卫军，成为名副其实皇帝的保镖了。而岳飞年龄不满二十就远远超过了这个标准，可见力量惊人。

北宋官修兵书《武经总要》还曾给各种弓箭手定了个职称标准，说能挽一石弓的是普通人，能挽两石弓的是牛人，能挽三石弓的是变态牛人。很显然，岳飞就是传说中的变态牛人。那三石弓的弓力在实战中到底有多大。五代十国时期，有一位叫马仁的臂力最好，一箭射出，能把二百步远、二百尺高城楼上的一敌将扎个对穿，而他弓力最多只到二百斤，（参见《宋史》卷273）由此可见三石弓的弓力到底有多大了。

有了如此惊人的力量，宣和六年张超被一箭毙命，箭身穿喉而过，建炎三年敌将被一刀从头劈至腰身的事也就变得稀松平常很好理解了。那么岳飞怎么会有如此巨大的力量呢？其中之一很可能是遗传。岳飞父辈们的力量究竟如何我们无从查考，但岳飞的后代中也有一位如他一样的大力士。《宋史》上说岳云16岁时随父攻打随州，手持铁锥枪，重80斤，舞动起来虎虎生风，率先登城，拔得头功。按一宋斤约合今一斤二两，那也就是说，岳云当时舞的这铁锥枪换算成现在的计量单位约是96斤。96斤到底有多重，大约相当于你同时扛两瓶煤气罐，当然这还有不同，因为扛用的是肩，舞用的是手。

另外一个原因可能是长期劳作的结果。岳飞一家，世代贫农，均以"力田为业",岳飞的太爷爷叫岳成,爷爷叫岳立,爸爸叫岳和,在那种年代这个家族居然还薄有田产,在饥荒之年甚至还能周济周济更穷的流民,可见这一家子小自耕农除了天生身体素质好之外,还格外勤劳。你别看岳飞后来能写诗,但他其实根本没正儿巴经上过几天学,大部分时间都在家里帮忙劳作,栽秧打谷,犁田耙坎全是一等一的头号劳动力。古代科技水平落后,农业劳动强度又大,所以岳飞的力量很大一部分可能就来源于长期劳动。

但是有力量跟能征善战、武功超群那是两码事,征战杀敌讲究的不单是力量,还有技巧。

岳飞生活的时代,是北宋王朝的末世,农民起义风起云涌,小股土匪遍地开花,任何一个人,特别是生活在社会最底层的农民,既然绝了读书功名的路,那么农闲时节学点武术强身健体,保家护院是一种社会风气,就跟我们现在学开车学上网差不多。

从现在的史料我们可以知道,岳飞是一个地地道道的武术爱好者,这一点可以从他惯用多种兵器看出,单是上面我们提到几次战斗岳飞就分别使用了弓箭、大刀、四刃铁锏、丈八铁枪等兵器。如果不是真正的武术爱好者是断然使不出如此多兵器的,况且还是在战场上,要命的场合,不是拿手武器一般人都不轻易使,可见岳飞不单是个武术爱好者,他还一定拜过多个师父。这一点从岳飞父亲岳和一次批评岳飞的话里可以判断得出。那是周同死后,岳飞时常去周同坟前祭奠被父亲发现,岳和说:"尔所从射者多矣,独奠泣于周同墓,何也?"意思大致就是"你曾前后跟随过很多师父学习射箭,为什么独独对周同念念不忘呢?"岳飞答:"周同对我跟别的师父对我不一样,他是真把我当徒儿。"

周同这名字,可能很多人还比较陌生,其实此人大有来头,此人年轻时曾横扫陕西一带,人送外号"陕西大侠铁臂膀周同",相传是三国名将姜维的传人,与包拯关系甚好,后得包拯引荐在京师担任御拳馆教师。当时的御拳馆有天地人三席,周同为"天"字席教师,地位最尊。至于他的具体武功如何,我们还是从一个侧面来了解更容易清晰。俗话说"强将底下无弱兵,名师手里出高徒",周同一生只收了三个半徒弟,说出来都是如雷贯耳:玉麒麟卢俊义,豹子头林冲,岳飞,加半个行者武松。除岳飞外三人虽都系小说《水浒传》中的人物,然根据考证历史上均确有其人,卢俊义的武功究竟如何?外界多半只是听闻,因其很少与人单打独斗,但我们可从其徒弟浪子燕青身上看出其功夫定应不弱。林冲、岳飞的武功有目共睹,不用多说。至于武松,相传其在狮子楼斗杀西门庆时使出的新式武功"夺命鸳鸯腿"即系周同所传。

另外一个岳飞的师父姓名可考的乃是陈广,擅使枪。宣和四年,岳飞20岁,其外公姚大翁见外孙力量惊人又聪明伶俐,遂让其投到枪手陈广门下,一段时间的学习之后,岳飞的枪法迅涨,"一县无敌"。

被矿难掩埋的清代黄石矿史

> 矿难可以掩埋很多东西，譬如尸体、经济，甚至是历史。

到过湖北黄石的人都奇怪，黄石出好煤，明代有记载，清末有记载，但在这二者中的两百多年间却罕有记载。对于此事，研究的人多，晓事的人少，直到很多年后那一场煤矿穿水事件和那一块墓碑的出现，事情才总算大白于天下。

1973年的夏天，黄石多雨，气象部门发出预警：大雨随时降至，不宜进矿采煤。于是当地有关部门通知煤矿工人一段时间内不得下井。通知下达没几天，并不坚固的煤窑即如人们预料的那样穿出水来，但随之而出的还有几具怪模怪样的尸体：长辫，对襟粗布大衣，铜纽扣也是从未见过的多角形。据目击者回忆，人们围观时，尸体肤色鲜艳，禀禀犹生，不过一会儿即自行风化，灰飞烟灭。事情很蹊跷，领导很重视，立马指派有关部门着手调查，先是清点矿上人数，继而扩大到矿工家属和附近村民，但经相关人员再三查实核对，各处均无人员失踪。事情一下子由蹊跷变得诡异，刹那间，说什么的都有，有人说，这是冤死的鬼魂；有人说，这是外地矿井遇难的矿工。但因各处并无人员失踪报告，事情随之即被束之高阁，成了无人问津的谜团。

　　时间到了十年后的1983年，当时百废待兴，当地矿史办的工作人员在修治矿史时偶然于荒烟蔓草间发现残损的石碑一块。根据石碑记载：原来1799年12月18日此处的煤矿发生过一起严重的漏水事故，当时正在井下作业的18名煤矿工人被淹未出。事情重大，矿上将事情始末书具条文报到县里，县令陈桂生得到消息后亲自到事故地点察看并积极准备实施救援。但终因积水过深，凭当时的人力物力很难找到有效的办法，几番努力之后，见无力回天，痛定之下，陈桂生以人命为重，利益为轻，下令就此以矿井为坟，并树碑一块，以资奠念，碑末还附镌有18人的姓名。同时鉴于前事，陈桂生在碑文中明令将矿山封禁，各色人等"永远不得开挖取煤"。此令一出，黄石各地的煤矿随即停工撤产，当地的煤矿史也如此被一场矿难彻底掩埋。

　　几十年后，由于洋务运动的需要，红顶商人盛宣怀来到黄石，当地的煤矿才又重新被人提及，再焕光彩。

第四篇

往事钩沉

　　历史的长河有漩涡，也有浑浊，但只要用心留意，搏击的弄潮儿总会在不经意的瞬间挖掘出历史的真相。

也说虞姬之死

> 人的死无非是两种可能，自杀、他杀。作为项羽的妻子，虞姬，这个在古诗歌中被反复吟咏的女人到底是怎么死的呢？

《国家历史》2008年朱棣号里，某先生依据《太平寰宇记》卷一二八"濠州钟离县"条的记录"虞姬冢在县东南六十里，高六丈，即项羽败，杀姬葬此"，对虞姬自杀说提出了质疑，认为虞姬非自杀而可能是他（项羽）杀！对此笔者有不同的认识。

从虞姬墓地看虞姬之死

《太平寰宇记》，乐史撰，成书于北宋太平兴国年间（公元976~983年），记载了各地自前代至宋初的州县沿革、山川形势、人情风俗、交通、人物姓氏、风物特产，等等。广泛引用了历代史书、地志、文集、碑刻、诗赋以至仙佛杂记，对于两汉至宋初的历史研究有一定的价值。但其记项羽杀姬条却有颇多疑点。

对于虞姬墓，现在一般有两种观点，一为安徽灵璧，即当年的垓下古战场；一为安徽定远，定远是明初大将蓝玉的故乡。现今的虞姬墓在定远县二龙乡东北三公里处。

而《太平寰宇记》所说的"濠州钟离县"却颇令人意外。"濠州钟离县"！相信喜欢明史的人一定不陌生，大明朝的开国皇帝朱元璋就是濠州钟离县人。其辖区大致相当于今之安徽凤阳。

定远属于今之滁州，灵璧和凤阳虽同属于安徽第二大市——蚌埠，但是二地的距离从地图上看远非《太平寰宇记》所说的六十里能够记数。所以可以判断，上述三个地点不存在重复的可能。

据史书记载，公元202年，楚王项羽被汉军围于垓下。四面楚歌声中，项王夜起，饮酒帐中，慷慨悲歌："力拔山兮气盖世，时不利兮骓不逝；骓不逝兮可奈何，虞兮虞兮奈若何！"歌数阕，虞姬和之，和毕，项王泣数行下，左右皆泣，莫能仰视。

而后项羽带着众壮士突围，遗憾的是，在跟随项王突围的众人中已经没有了虞姬的身影。因为这时虞姬已死，不管是自杀还是他杀，总之是死了。既然是死了，死在了垓下，死在了军帐中，那么最有可能的当然是就近掩埋，总不至于一大群人拖着个尸体四处招摇，最后又埋在了毫无意义的别处？

在今天的垓下古战场还存有虞姬墓地，墓地两旁有一副对联"今尚祀虞，东汉已无高后庙；斯真霸越，西施羞上范家船。"算是表达了后人对虞姬的哀思。

既然安徽凤阳不是虞姬的魂归之所，那么《太平寰宇记》中关于"濠州钟离县"条所说的"杀姬葬此"就颇为可疑。

从《垓下歌》、《和项王歌》看虞姬之死

另外，从项羽《垓下歌》和唐人张守节从汉初陆贾《楚汉春秋》中录出的虞姬《和项王歌》内容上，也可以佐证这一推测。

《垓下歌》的前三句项羽只是在慨叹自己的事业，对于我们的考

证并没有多大意义，可第四句他话锋一转"虞兮虞兮奈若何？"，道出了他压抑已久的心声，他究竟该如何在生死的瞬间安排陪伴自己多年的女人？他死不足惜，只是苦了这位知己红颜，这句颇为伤情的古诗翻译成现代文就是"虞啊！虞啊！我该把你怎么办呢？"

史书记载，歌毕，虞姬和道，"汉兵已略地，四方楚歌声。大王意气尽，贱妾何聊生！"虞诗的前两句，点明了当时的环境，第三句表达了自己对项王的看法和感情，第四句虞姬道出了死难的决心。某先生的文章说："《楚汉春秋》没有明确指出虞姬是否自杀！而只是一种暗示。"其实从当时的情景看，项羽既然会吟咏出"虞兮虞兮奈若何？"的诗句，就不会残忍到亲手杀死自己的爱妾。这样的事恐怕只有他的对手高祖皇帝才做得出。项羽在历史上以妇人之仁广受批评，现代的史学家也多半认为他是一位失意却很可爱的英雄。早在唐朝就有了歌颂项羽的乐舞。

再从虞姬的身世来看。虞姬出身在今江苏虞山脚下，今宿迁市沭阳县颜集乡人。她既不是项羽用武力强抢过来的民女，也不是项羽花钱买来的性奴隶，而是项羽和他叔父起事之后因为仰慕项羽主动来投奔的。按说这样的人，胆色俱佳，不可能贪生怕死！就算要死，凭她对垓下之时项羽处境的准确判断，她也不会坐等到项羽亲自操刀。

虞姬一事是否透露了所谓的价值取向

最后至于某先生说的"它透露了我们一直以来对女性生命的轻视，为了某种价值取向，可以毫不犹豫地让她死去。"

我们承认在理学之后，"五四"之前这样的价值取向确实在社会的各个层面成为主流，但是在陆贾生活的汉初和张守节生活的盛唐，这样的观念是不是也充斥在社会的各个角落呢？显然不是，气节在北宋之前从来都不是妇女必守的信条，在唐宋人的笔记中很多关于寡妇再嫁的事实，而且当时的社会舆论对于这样的事也没有什么更多的谴责。所谓的"存天理，灭人欲"那是宋明理学的事。而与虞姬生活的时代关系恐怕就更远了。在虞姬和虞姬之前的时代的确也有气节的事，比如，墨家和儒家的高徒们，知其不可为而为之！墨子带着一百多人帮助别人守城，抵挡几十倍于自己的敌军；子路明知道去卫必无生还的道理，但还是义无反顾地选择了整冠而死，但那是作为一种信念而非在外力的驱使下的强迫。

说到项羽，南渡之后的李清照有首很著名的诗："生当做人杰，死亦为鬼雄。至今思项羽，不肯过江东。"一般的分析认为，诗中寓寄了她盼望着能有一位项羽式的人物来重振大宋河山的情怀。但是王本道先生却在《一曲虞歌唱到今》中说，这首诗除此之外还暗含着易安居士窃慕虞姬的情愫，不可谓言之无理。

至于某先生文章中说到的"低劣的道德和价值观"。晚辈才疏学浅，看了半天没看出来，我只知道宋人王应麟把虞姬对项王的和歌称之为"坚贞爱情结晶"。（《困学纪闻》）大才子袁枚对虞姬也多所称赞，就算是到现在还有题为虞美人的词牌名和花，可知这位奇女子在后世人们心中的份量。

最后引一首清人何溥的诗作结："遗恨江东应未消，芳魂零乱随风飘。八千子弟同归汉，不负君恩是瘦腰。"

沧海桑田话《论语》

> 《论语》很多人都读过，但《论语》背后的故事，知道人就不那么多了。

前段时间，一本《论语心得》火遍大江南北。很多从不进书店的人从那时开始，知道了"管仲之器小哉"，知道了"君子食无求饱，居无求安"，知道了子曾经还曰过那么几回。其实，早在汉代，《论语》就已经成了所有学龄儿童的必读书籍。

宋朝开国元勋，三度拜相的赵普治理天下功劳甚著，所有事都打理得井井有条，但可惜出身小吏，没啥学历。于是宋太祖嘱咐他平时多读点书。自从被皇帝点名教育一回之后，每天下班，赵普就忙不迭地往家赶，一头扎进书房，这样过了很多年。所有的人都很好奇，想知道这位没文凭没文化的"赵书记"每天把自己关在书房里究竟在读些啥！赵普刚死，好事的人们就匆忙打开他的书箱，想一探究竟。谁知，箱子打开的一刹那，大家惊呆了，只见箱中孤零零地躺着一本翻看了一半的《论语》，这就是有名的半部《论语》治天下的典故了。

一本读了一半的书陡然被上升到治国平天下的高度，其能量之惊人，不免令人神往。

《论语》，一万五千九百字，其中满是子曰。子曰翻译成白话文就是孔子说。按这个推理，《论语》应该是一本记载孔子平日言行的书。《论语》不是教案，孔子也不会无聊到跑去抄录自己的课堂笔记。更何况孔子曾说"述而不作，窃比于老彭"。对于出书他自认为不够格，多少还有些顾虑。这样的人想必也不会如某些黑心书商一样昧着良心去出书。

如果再仔细看，你会发现，书中除了子曰，还有其他很多的曰，如曾子曰、有子曰、子夏曰、子游曰等，其中光曾子曰就有十三条之多。可见，此书也并不是孔子亲传弟子所作，因为"子"在孔子生活的时代是尊称，大抵类似于现在的先生或老师，譬如为大家所熟悉老子、庄子、墨子、韩非子。

假如此书真全是孔子的亲传弟子所作，作为同门师兄弟，对于曾子等人，他们大可不必称"子"。所以，此书的作者中肯定还有些比他们辈分要低的再传弟子，甚至是再传弟子的再传弟子。在平常的学习中，这些再传弟子同样记载了他们老师的言论，也就是上面我们见到的曾子曰、子游曰、子夏曰等。

当最后大家把所有的相关言论汇集起来的时候，一本崭新的《论语》就出炉了。西汉的刘歆曾说，"《论语》者，孔子应答弟子，时人及弟子相与言而接闻于夫子之语也。当时弟子各有所记，夫子既卒，门人相与辑而论纂，故谓之《论语》"，（《汉书·艺文志》）算是一语中的。

因为不是成于一时一地，也不是成于一人之手，所以，《论语》从一出世就冒出了多个版本。据《汉书·艺文志》、皇侃《论语义疏序》、何晏《论语集解序》记载，在汉代初年，就能见到三个不同版本的《论语》。因其流传的地域不同，一般分称为《鲁论语》、《齐论语》、《古论语》。刘向在《别录》里说："鲁人所学谓之鲁

《论》；齐人所学谓之齐《论》；孔壁所得谓之古《论》。"而且这三者不但有名称上的不同，而且还有字数和篇章上的差异。

鲁《论》二十篇，条目篇次上跟我们今天见到的《论语》大抵相同；齐《论》与鲁《论》基本一致，但多出《问王》、《知道》二篇，共二十二篇；古《论》则用蝌蚪文写成，分《尧曰下章》，《子张问》更为一篇，共二十一篇，篇次上以《乡党》为第二，《雍也》为第三，至于其中的内容则更是多有不同，其中不合逻辑，无法理解之处也很多。

当时在长安，鲁《论》、齐《论》都有人学，老师们你教你的，我传我的，互不低头。而且各派都出了些比较著名的学者，据史书记载，习鲁《论》比较有名的有龚奋，夏厚生，夏后建，萧望之，韦贤，宣城，扶卿等；习齐《论》比较有名的有王卿，庸生，王吉，朱畸，贡禹等。古《论》因过于芜杂，仅有孔安国作注，而无人授习。

这种极其混乱的传授显然不利于文化的传播，所以在西汉末年，有人出来统一了三部不同版本的《论语》。安昌侯张禹是汉成帝的师傅，三朝元老，身份极为尊贵。他先是跟随鲁《论》大师王阳学习，后来又师从齐《论》大师庸生，之后融会贯通，删繁就简，以鲁《论》的篇目为依据，定二本为一，号为张侯《论》，也就是今天我们见到的这一版本的《论语》。因为张禹的特殊地位，他的这版《论语》一面世就广受欢迎。天下儒生都吵嚷着要去学张侯《论》。接下来，等待着齐《论》，古《论》的也只有寿终正寝了。

但张侯《论》毕竟不是一个完美的版本，张禹当年对三《论》进行删减，手术刀究竟割开了多大一个口子，没人知道。所以，从他以后，对《论语》的修订和注疏也就一直没有中断。

印刷术闲话

> 韩国人说印刷术是他们发明的,从哪里看都是无稽之谈。

中国是世界上公认的文明古国,其中最值得国人称道的莫过于"四大发明",而"四大发明"中对人类文明贡献最大的首推印刷术。

在印刷术发明之前,书籍一般靠手抄,不仅费时,而且容易出错。秦始皇的一把大火烧毁了当时大部分书籍,人们对他颇有微词,一部分原因就是,那时候的书籍属于珍稀物品,来之不易。随着文化的普及,书籍的缺口越来越大,手抄书籍的缺点逐渐凸显,于是印刷术应运而生。

最早的印刷术

中国人很早就有刻印和勒石记事的习惯。春秋战国时期,印章是通用的官方凭证,勒石记事的历史也可以追溯到先秦时期。在陕西凤翔曾发现了十个石鼓,经鉴定它们是公元前8世纪左右的春秋石刻。

汉代是石刻大发展的时代,汉灵帝熹平四年(公元175年)著名书法家蔡邕建议朝廷,在太学门前刻七经,以为后范。石经刻成后,读书人为了需要,使用纸墨将石刻拓印下来,当作抄写书籍的范本。

当拓印和篆刻有机结合起来的时候，印刷术就具备了最初的雏形。现在能够见到的最早有关雕版刻印的记载是《后汉书·党锢传》，其中记述了东汉建宁二年（公元169年），山阳人张俭因得罪大宦官侯览，被人诬陷，灵帝在洛阳下令"刊章讨捕"。"刊章"据版本目录学家李致忠先生考证就是刻印通辑的章表。

在稍后的晋人著述《抱朴子》中也提到过一种四寸见方（13.5×13.5）的大木印。上面镌刻有120个字，其实这种印差不多就是小型的雕版了。

但是真正意义上的雕版和印刷的大规模应用还是隋唐以后的事，现在能够见到的最早印刷实物是敦煌出土，唐咸通九年（公元868年）印制的《金刚经》，全长4877毫米，高244毫米，七张粘连成一卷。卷首有释迦说法图，末有"咸通九年四月十五日王玠为二亲敬造普施"的题记。这个卷子图文精美，雕刻的刀法细腻，浑朴凝重，说明当时的印刷术已经有了相当的水准。

除了佛经，唐时还有刊刻的文学作品，唐穆宗长庆四年（公元824年），诗人元稹为好友白居易的新书《白氏长庆集》作序，序中他提到在当时的杨州、越州一带经常可以看到有人将他们两人的诗"缮写模勒"，然后在街头售卖。"模勒"跟"刊章"一样也是刊刻。

这之后不久，公元836年，东川节度使冯宿给皇上提交了一份报告，要求下令禁止民间的盗版发售。他说："每年中央司天台还没奏请颁布新历书的时候，民间私印的历书就已经飞满天下了。"可见当时的民间雕版印刷业确实很兴盛。

被否认的毕昇

随着文化的普及和知识的传播，书籍的缺口日益增大，雕版印刷的弊病也逐渐暴露。首先，雕版印刷费工费时，每印一种书就要刻一回版，耗费的人力物力相当可观，同时对于刻版所需要的木材也是极大的浪费。

针对上述情况，北宋庆历年间，平民毕昇发明了活字印刷术。活字印刷不像雕版那样每印一面就要刻一块版，而是事先刻好成千上万个大大小小的字模，到时候再根据书籍的需要，将字模逐一排版，这样不仅提高了工作效率还节约了原材料。毕昇也成为了公认的活字印刷的始祖。

可是韩国人不这么看，他们认为他们才是真正意义上的活字印刷的发明者。韩国是中国的近邻，深受中国文化的影响，他们发明的铜活字是现在已知的最早的金属活字，中国明清时期的铜活字工艺据说就来源于韩国的反馈。在韩国人眼里，毕昇确实有过奇思妙想，但他所造的活字并不适用，而他们的铜活字才是活字印刷的真正开端。

对此，中国科学家给予了严正驳斥。最早记录毕昇发明活字印刷的书籍是沈括的《梦溪笔谈》。根据该书的记载，毕昇最开始试用的是木活字，但是因为木头疏密程度不同，刷水墨后，膨胀的程度也是肥瘦不一，从而使版面高低不平，无法印刷。所以在试用木活字失败后，毕昇试用了胶泥活字。胶泥活字克服了木活字的缺点，使用起来相当方便。沈括就亲眼见过毕昇所用的那一套胶泥活字。

目前已知的最早泥活字本是南宋光宗绍熙四年（1193年）周必大刊刻的《玉堂杂记》。在他写给好友程元诚的信中，他说"近用沈存中（括）法，以胶泥铜版移换摹印，今日偶成《玉堂杂记》二十八事"，只是可惜没有实物流传。虽然之后元代的姚枢也曾用泥活字刊印过很多书籍，但是也没有实物传世。今天能够见到的最早泥活字本是清道光十二年，苏州人李瑶在杭州"仿宋泥板印法"刻印的《南疆绎史》和《校补金石例四种》。李瑶的成功无疑是对那些毕昇怀疑者们最有力的打击。

读书切勿读一半

> 都说赵普半部论语治天下，那剩下的半部他拿去做什么了？

先贤有言："吾生也有涯，而知也无涯。"确实，知识广博无垠，典籍浩若烟海，而生命又短暂如白驹过隙，所以很多人读书时往往只把书读了一半。其中最著名的莫过于北宋开国功臣赵普，半部《论语》治天下的故事几乎是家喻户晓，其实细翻历史书，赵普读的又何尝只是半部《论语》。

据《宋史》卷二百五十六《赵普传》记载，"普少习吏事，寡学术，及为相，太祖常劝以读书。晚年手不释卷，每归私第，阖户启箧取书，读之竟日。及次日临政，处决如流。既薨，家人发箧视之，则《论语》二十篇也。"

《论语》是孔子的弟子及再传弟子记录他们恩师平时言行的语录体著作。早年有三种版本，即《齐论语》、《鲁论语》、《古论语》。西汉末年，安昌侯张禹合三本为一本，整理出了《张侯论语》二十篇，也就是我们现在经常能够见到的这版《论语》。

《宋史》白纸黑字，写得明明白白"既薨，家人发箧视之，则

《论语》二十篇也。"也就是说赵普死后,家人打开它的书箱,看到的是《论语》二十篇。既然是二十篇那又何来的半部《论语》?

但这半部《论语》之说也并非空穴来风。赵匡胤死后,由于赵普居相位时与新任皇帝赵光义存在过节,于是很快被排挤出朝廷。后来老谋深算的赵普看准时机借助"金匮之盟"重新获得新皇帝的信任。初见面时,君臣二人有一番对话,赵普说:"臣有《论语》一部,以半部佐太祖定天下,以半部佐陛下致太平。"后人读书不慎,遂将此话曲解了,然后以讹传讹就成了今天我们经常听到的"半部《论语》治天下"了。

同样是《论语》,有两个被现代人奉为经典的成语也多半是误读的衍生物。一个是"以德报怨",一个是"三思而行"。

"以德报怨"出自《论语·宪问》篇第十四,原文为:"或曰:以德报怨,何如?子曰:何以报德?以直报怨,以德报德。"这几句话通俗易懂,意思很容易理解。有人问孔子以德报怨怎么样?孔子没有正面回答,先是用了一个反问,然后引出自己的观点。他不赞成以德报怨,而主张"以直报怨,以德报德"。但现在我们很多人往往把以德报怨当成了孔子的意思,更有些人甚至把它当成了儒家的核心思想,让人唏嘘。

"三思而行"则出自《论语·公冶长》第五,原文为:"文子三思而后行。子闻之曰:'再,斯可矣。'"文子即鲁国大夫季孙行父,以慎重著称。据《左传》记载:鲁文公六年(公元前621年),季文子奉命出使晋国,待一切都准备得妥当贴切的时候,他忽然想起忘了准备遭丧之礼。也就是假如到晋国,刚好碰到晋国王室死人,需要备用的礼节。对于这一想法,当时就有人提出异议,他们认为准备这东西毫无必要,因为事情不可能这么凑巧。季文子则说,古人教导我们,有备无患,准备了没用上确实徒劳无功,但是我们事事小心,准备得万无一失又有什么不好呢？季文子的态度在当时很有些市场，所以才会有人跑去咨询孔子。孔子立场鲜明地说，凡事思考两遍就够了，想得太多往往有过求之嫌，反而不利于实际行事。认真分析孔子的话，确实很有道理，事情的发展常常带着很大的偶然性，俗话说，计划不如变化，如果每件事都要等到想得天衣无缝再去做，那就几乎什么事也做不成。但现在我们中的很多人曲解了孔子的原意，把"三思而行"奉为圭臬，并广为流布，害人害己。推究起来，这都是读书不完全，只读了一半惹的祸。

大宋梁山事件

> 很多人直到今天还在为宋江惋惜,为梁山惋惜,可历史上的宋江和梁山真有那么厉害吗?

《水浒传》中,梁山好汉一百单八将,而以宋江为中心,宋江就像一根麻绳,把这群零散的咸鱼串在一起,描绘出一幅波澜壮阔的历史画面。可以说,没有宋江就没有水泊梁山,也就没有了《水浒传》。那么,历史上真实的宋江事件又是什么样子的呢?

历史上有无宋江其人

这是所有考证宋江事件的人都首先必须面对的问题,如果历史上本无宋江,而纯粹是小说家的杜撰,那么接下去的论证就变得跟中世纪的神学家论证上帝创世纪一样无聊。

宋江的事迹最早在宋元之间就以重大旧闻的形式在街头巷尾广泛流传。罗烨的《醉翁谈录》,无名氏的《宣和遗事》都有这方面的记载。南宋末年的画家龚开曾为宋江等人作过画像,他在《宋江三十六人赞并序》中写到:

宋江事见于街谈巷语,不足采著,虽有高如李嵩辈传写,士大夫亦不见黜，余年少时壮其人，欲存之画赞，以未见信书载事实，不敢轻为。及异时见《东都事略》载侍郎侯蒙传，有书一篇，陈制贼之计云："江以三十六人横行齐魏，官军数万，无敢抗者……"

从龚开的话里，我们知道史书对宋江事件是有记载的。侯蒙在《宋史》有传，其中关于宋江的事与龚开引《东都事略》的话大体相同。在《宋史》中还有其他两处提到宋江。

"宣和三年二月……，淮南盗宋江等犯淮阳军，遣将讨捕；又犯京东、江北，入楚、海州界，命知州张叔夜招讨之。"——《宋史·徽宗本纪》

"宋江起河朔，转略十郡，官军莫敢婴其锋。"——《宋史·张叔夜传》

其他史书如李壆的《十朝纲要》，陈均的《九朝编年备要》，徐梦莘的《三朝北盟会编》，徽宗皇帝宣和元年的诏书，以及毕沅的《续资治通鉴》都有类似记载。另外，在已发现的宋人梁圆、王师心、折可存等人的墓志铭中都提及与宋江的战斗，北宋末年殉国的李若水在其《忠愍集》卷二也有一首涉及宋江的诗。这样看来，在宋朝历史上还真有宋江这么一号人。

宋江跟梁山泊有关吗

《水浒》中的八百里水泊就像一道天然的护城河，拱卫着这群枭雄的根据地，进可攻，退可守，成功地五次反围剿，三败高俅，两赢童贯，无疑都得益于水泊地利。那么，历史上的宋江是否曾真的在梁山落草生根呢？

梁山泊是五代时因黄河决口，将大小湖泊连成一片，而成为汪洋沼泽的，北宋时的梁山泊《宋史·杨戬传》有载，"梁山泊，古巨野泽，绵亘数百里，济、郓数州赖其捕鱼之利。"苏辙（苏轼的弟弟）

亦有诗云:"近通沂泗麻盐熟,远控江淮粳稻秋。"可见梁山泊作为绵亘数百里的大湖和南北交通的枢纽,在经济上有着极为重大的作用。而这恰恰使它成为北宋历史上官匪争夺的焦点。梁山泊多盗,素有"盗薮"之称,《宋史·蒲宗孟传》说:"梁山泊素多盗,宗孟痛治之。虽小偷微罪,亦断其脚筋。盗虽为衰止,而所杀不可胜计。"《宋史》中《江几传》、《任谅传》也有"梁山泊多盗","梁山泊渔者习为盗"的说法。但宋江究竟有没有立足梁山泊,竖起"替天行道"的杏黄大旗呢?元人陈泰在他的《所安遗集·补遗》"江南曲序"写道:

"余童卯时,闻长老言宋江事,未究其详。至治癸亥秋九月十六日,舟过梁山泊,遥见一峰,嶕峣雄跨,问之篙师,曰:此安山也,昔宋江起事处,绝湖为池,阔九十里,皆蕖荷菱芡,相传以为宋江妻所植。宋之为人,勇悍狂侠,其党如宋者,三十六人,至今山下有分赃台,置石座三十六所,俗所谓'来时三十六,归时十八双',意者其自誓之辞也。"

描写得绘声绘色,煞有其事。有趣的是,关于宋江啸聚梁山一说,不仅有文字记载,还有实物地图为证。康熙初年的《寿张县志》卷首有所谓的"梁山图"一张。此图所绘为梁山全景,中有虎头崖、宋江寨、湾山、黑风口、青龙山、雪山、平山,又有莲台寺、法兴寺、天齐庙、玉皇阁等。宋江寨有寨垣,全景四周又有一大圆形墙,有"梁山北门"、"馍馍台门"、"茶庄门"、"宋家胡同门"、"玉皇集门"、"张家垓门"、"邵家楼门"、"张家坊门"等门十五座。

现在可以负责任地说,这些都是后人的附会。陈泰的文章写得很明白,他信息的来源是"问之篙师"。而篙师(撑船的熟手)本人根本没有进行过求证,极可能是道听途说,或许还加了自己从说书人那里听来的小故事。康熙初年的《寿张县志》，离宋江生活的年代实在是太远了，这中间，宋江的"精，气，神"在难以计数的作者添加下已趋于完备。更重要的是，那个时候，署名施耐庵的《水浒传》已经面世很久，那张地图的绘制不可能不受流传甚广的《水浒传》的影响。

不说宋江一伙从来没去过梁山泊，但至少他们没有在梁山泊安营扎寨，赖着不走，把这"八百里水泊"当作永久的"革命根据地"。相反，他们一直积极奔走，自然不是为了传播革命的火种，而是劫掠财富。《宋史·张叔夜传》说"宋江起河朔，转略十郡"，同样的记载见宋人梁圆的墓志铭，"宋江啸聚亡命，剽掠山东，一路州县大震"。可见，宋江一伙从来都是流窜作案。能攻则攻，不能则走。颇有点游击战的味道。而且从当时的实际情况分析，宋江也不太可能具备后世革命家建立根据地，推翻朝廷的素质与实力。掠夺是比生产更直接、更便利的积累个人财富的手段，不管我们如何看待历代的农民起义，我们都无法否认，战争本身就是对生产的破坏。宋江的所作所为绝对不会超过早年的李自成。而李自成向来以农民起义的领袖而著称。

由此可以得出结论，宋江在梁山泊的故事纯属子虚乌有，套用港版连续剧的话就是"本故事纯属虚构，如有雷同，实属巧合"。

宋江的军事实力

《水浒传》中梁山好汉一百单八将，更有众喽啰号称数十万之众，声势浩大，有与宋朝皇帝争夺天下，逐鹿中原的实力。而据各种文献记载，宋江向来以三十六人著称，南宋的龚开和元初的《宣和遗事》也都只提到宋江三十六人，所谓"三十六小伙，七十二大伙"完全是后人添上去的枝叶。从另一方面说，宋江横行齐魏，空间跨度之大，应该属于运动作战，量其规模，也不会超过千人，从《宋史·张叔夜传》我们可以窥其端倪："宋江起河朔，转略十郡，官军莫敢婴其锋。声言将至，叔夜使间者觇所向，贼径趋海濒，劫钜舟十余，载卤获。于是募死士得千人，设伏近城，而出轻兵距海，诱之战。先匿壮卒海旁，伺兵合，举火焚其舟。贼闻之，皆无斗志，伏兵乘之，擒其副贼，江乃降。"

张叔夜以区区"死士"、"壮卒"数千人就"擒其副贼"轻松搞定宋江。可见宋江在当时也只是一般的小毛贼，与朝廷出动数十万大军，国防部长童贯亲自带队，并有韩世忠等名将参加，花一年多时间才平息下来的方腊根本就不是一个重量级的。

而且宋江也并不是战无不胜的中国乒乓球梦之队。宣和二年到宣和三年的战斗中，宋江先后败于梁圆、王师心、张叔夜之手，宣和三年四月之后，折可存只用不到一个月的时间就让宋江从历史上彻底消失。可见，宋江的军事实力甚是一般，《宋史·张叔夜传》所谓的"官军莫敢婴其锋"，以及侯蒙上书中说的"官军数万无敢抗者"分析起来，原因可能有三：

第一，宋江等人作案的手段很可能十分残酷，令人望而生畏，加上流传过程中的放大，使得他们被越描越黑，官军在气势上首先就输了几分。这一点李若水的诗可以作为旁证："去年宋江起山东，白昼横戈犯城郭。杀人纷纷翦草如，九重闻之惨不乐。大书黄纸飞敕来，三十六人同拜爵。狞卒肥骖意气骄，士女骈观犹骇愕。今年杨江起河北，战阵规绳视前作。嗷嗷赤子阴有言，又愿官家早招却。我闻官职要与贤，辄啖此曹无乃错。招降况亦非上策，正诱潜凶嗣为虐。不如下诏省科徭，彼自归来守条约。小臣无路扪高天，安得狂词裨庙略。"在招安之后，站在城头的士女看到三十六人鱼贯而入，尚且感觉恐怖异常，估计宋江等人在当时人们的心中就跟今天美国人民心中的本·拉登和基地组织差不多。

第二，宋朝因为经历了太祖陈桥兵变，弄出心理阴影，生怕一不小心，重蹈大周的覆辙。于是采用兵将分离的制度，造成"积蓄已久，兵不知将，将不知兵"的局面，兵士战斗素质低下，在战场上常常发生一哄而散的场面。

第三，在宣和三年之前，中央政府根本没有出动过正式部队围剿宋江，所谓的"官军数万"要么是侯蒙夸张的说法，要么是综合宋江所到各州县的兵力相加所得出的统计数字，绝非一场战斗中的确切数据。从另一方面说，如果宋江真的"官军数万无敢抗者"，那么等不到侯蒙上书，宋江早就像方腊一样被剿灭了。朝廷绝对不会容忍这样的人活着看到第二天的太阳。

招安与征方腊

《水浒传》前七十回把梁山好汉描写得个个英雄了得，天罡地煞，两赢童贯，三败高俅。当朝廷的硬实力不能正常地镇压他们的时候，等待他们的结局只有一个——招安。

招安历来是个令人丧气的话题，不单一般的读者，就是很多专家都为宋江的选择而痛惜，以至于金圣叹像所有的愤青一样把《水浒传》拦腰截成两段，说后三十回是后人的伪作。那么宋江到底有没有受招安呢？

《宋史·张叔夜传》记载得很明确"擒其副贼，江乃降"，同样的记载也见于毕沅的《续资治通鉴》。时任大名府（相当于今天的北京市）元城县尉的李若水在他的《忠愍集》卷二中曾写道受招安的宋江等人，"大书黄纸飞敕来，三十六人同拜爵"。这样看到，宋江确确实实是受了招安的。招安之后的宋江等人又去干了什么呢？陪徽宗皇帝画画？还是跟着蔡京学写毛笔字？显然，这些都不符合宋江的性格。宋江是一个舞枪弄棒的人，像《水浒传》里做个"刀笔小吏"玩笔杆子不是他的强项。对于这样一个劣迹斑斑、睡在领袖身边的敏感人物，朝廷又该如何安置他呢？

第一种说法是杀降说。有人说宋江投降之后，被朝廷残酷地杀害了。宋代学者洪迈在他的《夷坚乙志（六）·蔡侍郎》中说："宣和七年，户部侍郎蔡居厚罢，知青州，以病不赴，归金陵，疽发于背，卒。未几，其所亲王生亡而复醒，见蔡受冥谴，嘱生归告其妻云：'今只是理会郓州事。'夫人恸哭曰：'侍郎去年帅郓时，有梁山泺贼五百人受降，既而悉诛之，吾屡谏，不听也。……'"有人据此推测所杀的就是宋江等人，但这也仅仅只是推测，在时间上经不起推敲。《宋史》记载的宋江投降时间在宣和三年，而洪迈叙述的事发生在宣和六年，很明显蔡侍郎杀害的决非宋江等人。

第二种说法是征方腊说。《宋史·侯蒙传》记载有候蒙在方腊起义的时候向皇帝老子提的"以盗御盗"的策略。李埴的《皇宋十朝纲要》也说，宣和三年二月宋江投降张叔夜，于当年随大军出征方腊。并在"六月辛丑，辛兴宗、宋江破贼上苑洞"。杨仲良的《续资治通鉴长编纪事本末》载："（征方腊攻帮源洞）王涣统领马公直并裨将赵明、赵许、宋江，既次洞后。"而且徐梦莘的《三朝北盟会编》也曾引用《中兴姓氏奸邪录》和《林泉野记》中有关宋江征讨方腊的记载。但是《宋史》和《续资治通鉴》在述及征方腊时都没宋江什么事。另外一条相左的材料来源于1939年出土的宋将折可存的墓志铭。文中说："方腊叛，用第四将从军，褚人藉才，互以推公，公遂兼率三将兵。奋然先登，士皆用命，腊贼就擒，迁武节大夫。班师过国门，奉御笔捕草寇宋江，不逾月，继获，迁武功大夫。"也就是说，折可存在平定方腊之后顺手牵羊把宋江给灭了。前文提到过李若水的那首诗也可以作为凭证，从诗里明显可以看出他对朝廷招安的做法存有异议。如果宋江果真是出征方腊，并"破贼上苑洞"立有战功的话，同朝为官的李若水是绝对不会这么说的。那么可能的情况只有一个，受招安之后宋江等人的表现令朝廷很不满意。这样看来，宋江征方腊的事就有点悬了。

　　第三种说法是再反说。既然宋江没有出征方腊，那么他究竟做了些什么事情令朝廷如此失望呢？有人说他再反了。再反是超出朝廷底线的做法。李若水的诗里也把去年的山东宋江和今年的河北李江并提，可见在不到一年的时间，朝廷就经历了一次对自己招安政策的评估，结果相当令人失望，于是就引来了李若水的一通牢骚。

　　那么宋江为什么要再反呢？朝廷好吃好喝地招待，不但给官做，还"三十六人同拜爵"，待遇比洪迈书中提到的那伙梁山强人高多了。宋江同志为什么还不满足呢？宋时有谚语云，"若要官，杀人放火受招安"，李若水诗里提到的河北李江一伙也是"嗷嗷赤子阴有言，又愿官家早招却"。应该说宋江等人已经达到了起事的初衷了啊！但宋江和李江不同，招安并不是宋江的本来目的，他是在张叔夜"擒其副贼"走投无路的情况下主动投降的，很可能有保存实力的打算。

　　另外，当时的政治环境不可能给宋江等人提供良好的生存土壤。在一个向来讲究诗书礼仪的国度，非进士及第的读书人做官都要受人耻笑，更何况宋江这种有过"草寇"历史的问题少年呢？朝廷可以在权衡利弊之后表面上接受他们，但骨子里的东西是很难一下子更改的，这就跟现在的某些人对蹲过监狱的同志态度是一样的。社会发展到今天，尚有这种思想，我们就不难理解一直受封建伦常浸淫的古代社会了。在这种情况下，宋江除了再次铤而走险，啸聚山林之外还有别的选择吗？类似的事情在元末、明末的农民战争中比比皆是。方国珍、张献忠，这些实力相当雄厚的起义领袖都没能很好地融入帝国体制，像宋江这样的小毛贼更难在以儒家思想立国的官场中站稳脚跟，甚至可能连正常的工作学习都无法进行。于是，摆在宋江面前的路只有一条——再反。

当然这样说也并不完全是猜测，根据现有的史料，宋江是在两次不同的时间，两次不同的地点，由两个不同的人招降的。如果存在再反一事的话，一切将迎刃而解，问题在于提供相反佐证的折可存的墓志铭可信度高吗？折可存本人在《宋史》无传，撰写墓志铭的范圭又是他的女婿，而且墓志铭的其他几处记载也与正史不合。在我看来，至少涉及宋江这一条还是基本可信的。因为平定宋这样的事不太可能移花接木，而且作者描述这个事情也不是为了论证折可存如何如何伟大，而仅仅是因为折可存在平定之后由"武节大夫"升官至"武功大夫"。且在文章中有"继获"一词，既然是"继"必定要有凭借，第一次是不能称作"继"的。

从时间上看，张叔夜招降宋江是在宣和三年（1121年）二月，折可存"继获"宋江是在剿灭方腊之后，"班师过国门"的时候随手拿掉的。据《宋史·方腊传》载，方腊在宣和三年四月被韩世宗生擒于清溪峒。那么折可存"继获"宋江当在宣和三年四月之后，中间最少有两个月的时间差，在情理上也说得通。那么宋江为何会在这么短的时间内一反再反呢。抛开前文提到过的朝廷和宋江自己的原因，很可能，方腊起义在相当程度上影响了宋江。

其一，方腊在宣和三年三月以前一直对朝廷处于攻势，取得很大的成绩。鼓舞和激励了宋江，让他那颗压抑和不安分的心又"砰砰"跳动起来。

其二，朝廷大军的全数出击，攻打浙江的方腊，也给习惯于河北、山东一带的宋江提供了可乘之机。如此说来，宋江不仅没有出征方腊，还直接间接地受方腊影响。说不定，他还是方腊的粉丝，与《水浒传》塑造和广泛流传的宋江形象相差何止万里。

附：宋江事件轮廓

宣和元年（1119年），宋江事件爆发。宣和二年，其部由北向南流窜。宣和三年，犯淮阳军，后被张叔夜招降于海州。后再反，至少到宣和三年四月之后，被折可存平定。之后的事均不见记载，茫无可考。

红颜薄命的李师师

> 李师师的名气太大了,以至于很多人都把她当成了故事,其实历史上的她比故事更精彩。

过去人们常说,李师师是汴京第一名妓。随便翻开一本讲述古代女性或者宫闱逸闻的书,李师师的大名都赫然在目。商务印书馆出版的《中华人名大辞典》更是列出专条,叙述了她传奇的一生。那么这个颇具传奇色彩的女人在坊间广泛流传的故事可信度高吗?她的真名实姓又是什么呢?

李师师是真名吗

记载李师师的书很多,除了比较有名的《宣和遗事》、《东京梦华录》、《三朝北盟会编》外,还有其他如《贵耳集》、《墨庄漫录》、《浩然斋雅谈》、《青泥莲花落》、《翁天脞语》、《续通鉴长编拾补》、《耆旧续闻》、《坚瓠集》、《少室山房笔丛》、《词品拾遗》、《庄岳委谈》等,不过记载最详细的还是要数无名氏的《李师师外传》。书中说,李师师是汴京城里一个王姓染匠的女儿,其父名寅,其母则未载其名。只说在生下这个日后名动京华的女儿后失血过多而死。那年代输血技术尚未由国外传入，一切只能听天由命。结果，师师的生日成了母亲的祭日。因为这一层关系，父亲对李师师钟爱至极，"捧在手里怕飞了，含在嘴里怕化了"。说来也怪，这个小女孩生下来就不曾啼哭。按宋人的习惯，大凡儿女降生，为消除前世的罪孽，都会寄名佛寺，以求福祉。李师师三岁时，王寅把女儿带到宝光寺，可能是师师真的有佛缘，寺中长老看这小女孩长得聪明灵秀，"手摩其顶"，自打娘胎出来从没哭过的李师师突然做出了一个惊人的举动，放声大哭，老和尚双手合十，连说"善哉！善哉！"经过这次洗礼，李师师算是寄名佛寺了。那时，大家都管佛门子弟叫"师"。于是乎我们的女主角有了后来那个香艳四射的名字——师师。只不过因为父亲姓王，满汴京的人都叫她王师师。也怪师师命苦，刚出生就没了娘，四岁当头，父亲又因一起官司锒铛入狱，正所谓"屋漏偏逢连夜雨，船迟又遇打头风"。在狱中的父亲莫名奇妙地得了一场大病，撒手西去。丢下孤苦无依的师师，幸而一位李姓妓女慧眼识珠看中师师骨骼奇秀，是个很有潜力的苗子，干脆来个长线投资，养作义女，并亲自教其琴棋书画。也许师师永远记得13岁那年，那一年她开始挂牌应客，并改从继母姓李，开始了一种全新的生活。从此，李师师这个名字红遍了整个大宋王朝。

宋徽宗嫖宿过李师师吗

历史上的风流天子很多，但像宋徽宗这种"惊天地，泣鬼神"的还真是少见。《宋史·曹辅传》记载："政和后，帝多微行，乘小轿子，数内臣导之。"《皇宋十朝纲要》也有类似的记载，文章称徽宗于公元1116年（政和六年）"微行始出"。去干什么，不言自明。当时的汴京是一块烟花宝地，"燕馆歌楼，举之万数"。孟元老的《东京梦华录》说，宣德楼前有一条曲院街"向西去皆妓女馆舍"。上清宫后有一寺，名景德，"寺前有桃花洞，皆妓馆"；"寺东门大街南即录事项妓馆"。另外有一条叫小甜水巷的小街，巷内同样"妓馆亦多"。据现代某位仁兄的统计，当时汴京城内从事娼妓的人不下数万。在这种铺着天鹅绒的温暖里，习惯了画点花鸟虫鱼的宋徽宗早已经神魂颠倒，更何况身边还有蔡京、高俅几位同志不停地聒噪。此情此景想不发生点故事都难，一切都只是时间问题。

那时候，师师正当红，《东京梦华录》卷五《京瓦伎艺》载："崇、观以来，在京瓦肆伎艺：张廷叟，《孟子书》。主张小唱：李师师、徐婆惜、封宜奴、孙三四等，诚其角者。"一个是风流天子，一个是绝代佳人，干柴烈火的碰撞会是什么结果？没人知道！张端义的《贵耳集》记载过一个流传很广的故事，一次著名才子周邦彦私会李师师，正在屋内说话的当口，忽报圣驾到来，周大才子急中生智，藏身玉人床下，躲过一劫，但也是毛发倒竖，大气都不敢出。其实徽宗此来也并没什么紧要的事，只因江南新进贡了一批上等的无核蜜橘，皇帝又一时想见佳人，就急急提着一袋水果屁颠屁颠跑来了。书上说："道君自携新橙一颗，云江南初进来，遂与师师谑语。"谑语就是现代人说的悄悄话，可偏偏这种两个人之间的悄悄话被躲在床下的周大才子听得一清二楚，等皇上一走，周大才子词兴大发，忙不迭地从床下爬出来并填词一首。正是下面这首《少年游》：

并刀如水，吴盐胜雪，纤手破新橙。锦幄初温，兽香不断，相对坐调笙。低声问、向谁行宿，城上已三更。马滑霜浓，不如休去，直是少人行。

到这里这事还没有完结，后来的某一天，徽宗又过来宴饮，师师一时忘情，把这首词唱了出来，徽宗眉头一皱，问："这词谁填的？"师师道："周邦彦。"就这么着，周大才子失去了给徽宗这位超级CEO打工的机会，俗话说：阎王要你三更死，谁敢留人到五更！

上头发话了，让他马上卷铺盖滚蛋。周大才子郁闷至极，十年寒窗，好不容易弄到个铁饭碗居然就这么不声不响地被下岗分流了。临行时，师师前来送别，周大才子触景伤情，口占一词《兰陵王·柳》：

柳阴直，烟里丝丝弄碧。隋堤上，曾见几番，拂水飘绵送行色。登临望故国，谁识京华倦客？长亭路，年去岁来，应折柔条过千尺。闲寻旧踪迹，又酒趁哀弦，灯照离席。梨花榆火催寒食。愁一箭风快，半篙波暖，回头迢递便数驿，望人在天北。凄恻，恨堆积！渐别浦萦回，津堠岑寂，斜阳冉冉春无极。念月榭携手，露桥闻笛。沉思前事，似梦里，泪暗滴。

语未毕，多愁善感的师师早就哭成一个泪人。回到妓馆。徽宗幸灾乐祸地问："小周不是会填词吗？这次怎么没填？"，师师红着眼答："填了。"接着在徽宗面前把这首词倾情演绎了一番。也许是徽宗皇帝满足于周大才子的痛苦，居然出人意料地赦免了小周的大不敬之罪。书上说："曲终，道君大喜，复召为大晟乐正。"

这故事一波三折，扣人心弦，大团圆式的结局，多少有点悬乎，不像真事。王国维老先生在《清真先生遗事》里也考证出此事完全是后人的小说家言，他说："政和元年（1111年）先生（周邦彦）已五十六岁，官至列卿，应无冶游之事，所云开封府监税亦非卿监侍从所为。致大晟乐正，大晟府侍制，宋时亦无此官。"但也有人说，不排除做惯了宣统皇帝老师的王老先生"为长者讳，为尊者讳"，搞春秋笔法的可能。

不管怎样，这事尚无定论，但徽宗嫖宿李师师一事应该毋庸置疑。道学家朱熹的老师刘子翚有《汴京杂诗》云："梁园歌舞足风流，美酒如刀解断愁。忆得少年多乐事，夜深灯火上樊楼。"诗中提到的"樊楼"，正是当年徽宗与李师师私会之所。据《宣和遗事·后集》"樊楼乃丰乐楼之异名，上有御座，徽宗时与师师宴饮于此，士民皆不敢登楼",刘先生的诗写得很委婉,但弦外之音只要智商还在正常范围之内的人就不难明白。说来徽宗皇帝还真有点魄力,竟然不顾朝臣反对,拼着命尝试了一套更高难度的托马斯回旋,把师师召入宫掖,册封为李明妃。并改以前师师居住过的那条街为小御街,确实让人瞠目。靖康之难后随宋室南渡的朱敦儒有首《鹧鸪天》:

唱得梨园绝代声。前朝惟数李夫人。自从惊破霓裳后,楚秦吴歌扇里新。秦嶂雁,越溪砧。西风北客两飘零。尊前忽听当时曲,侧帽停杯泪满巾。

词中的李夫人指的正是李师师。因为李师师曾与宋徽宗有过那么一腿,于是洛阳纸贵,增加了几分金银气,民间羡称作李夫人。这多少也可算作宋徽宗嫖宿过李师师的一个旁证吧!

李师师的结局

都说自古红颜多薄命,李师师生活的时代正好是两宋交际,三足鼎立,"国破山河在,城春草木深",处处有黍离之悲。李师师最终会走向一个什么样的归宿呢?关于李师师的结局大致有四种说法:

一是殉国说。此种说法以流传民间的《李师师外传》为代表。文章称金军破汴京后,主帅挞懒点名索取李师师,声称金国主也闻知李师师的名声,一定要得到她。张邦昌探得李师师的踪迹,将她献于金营。李师师红颜变金刚,怒斥张邦昌,大义凛然,然后摘下金簪就往喉咙刺,天佑佳人,未死。师师又折断金簪吞下,这才气绝身亡。后世的通俗小说大多沿袭这一说法。此种说法有一个问题,金人是按降臣提供的名单索取妃嫔的,而师师由于一直未被正统的儒家认可,不大可能在名单之内!况且据其他文章记载,在汴京沦陷前,徽宗已把师师从宫里除名,因此被点名索取一说很难成立。之所以会出现这种说法,笔者认为原因很可能是后世读书人受程朱理学的熏陶,过分宣扬气节，讲究文以载道的结果，更何况这一说法至今还找不到多少可以相左的材料和证据。

二是被俘说。该说法称汴京失陷后一片混乱，李师师被俘北上，后来嫁给一个病残的军士为妻，最后凄凉地死在北国无边的荒漠里。后人小说如清人丁跃亢《续金瓶梅》等皆从其说。但这一说法漏洞百出！经不起半点推敲。首先，师师并非寂寂无名之辈，想她名动京华，在汴京姹紫嫣红之时，有多少富家子弟，皇室贵胄一掷千金，只为一睹其芳容。虽说后来世道变了，供求关系不稳定，但人终归还是要生活啊。凭师师的长相、名气、才艺，怎么也不可能沦落到嫁给一个病残军士为妻。如果真的被俘虏了，军士总会有领导吧。那年头，兵荒马乱，兵士个个如狼似虎，领导我就不说了，大家都清楚。不是我小看这个病残军士，除非大家抓阄，否则就算排队轮，也绝不可能轮到这么一个主儿。

三是出家说。持这种说法的人认为在李纲主持东京保卫战时，师师将全部财物捐赠出来，助宋军抗金。靖康之难中她逃出汴京，到慈云观中做了女道士。这一说法也缺少可以佐证的史料，况且还跟一条来自《三朝北盟会编》的史料相出入，《三朝北盟会编》的史料称："靖康之年，尚书省直取金银，奉圣旨，赵元奴、李师师，曾经抵应倡优之家，逐人藉没，如违并行军法。"这里说的同样是家产的问题，但性质却不可同日而语，前者是可以上报纸头版头条的捐，后者却是被批着人皮的官匪强行索取。梁启超先生曾说，发现相左的史料如果无法考证其真伪，不如姑且存疑。至于说师师出家做了道士，更是难以让人信服，仔细分析一下当时的环境和师师的地位就会发现，除了她自己，估计没人愿意看到她从这趟浑水中悄然抽身。

四是南渡说。这一说法材料相对丰富，臆测成分少，也合情理，颇为可信，极有可能是师师真正之结局。《墨庄漫录》说，汴京沦陷时，师师南渡，流落于江浙一带，但盛名不衰，当地的士大夫举行宴会还邀请她唱歌，只可惜经过靖康这么一惊一乍，师师已"憔悴无复向来之态矣"。前文提到的刘子翚还有一首《汴京纪事》的诗："辇毂繁华事可纷，师师垂老过湖湘，镂金檀板今无色，一曲当年动帝王。"诗中颇多伤神之处，刘老先生跟师师一样，都是北宋遗民，有家回不了，这首作品一来伤人，二来伤己，应该比较可信。还有一首可以相互佐证的诗："芳迹依稀记汴梁，当年韵事久传扬；紫宫有道通香窟，红粉多情恋上皇。孰料胡儿驱铁马，竟教佳丽死红羊；靖康奇耻谁为雪，黄河滔滔万古殇。"很明显此诗写在靖康之后，其中"红粉多情恋上皇"一句更是直指当年那段逸事。据《宣和遗事》记载，后来师师又辗转来到湘南一带，"为商人所得"。也有说她一直留在江浙，最后在一次宴饮中酒后失足，淹死在钱塘江的。也有说南方的士大夫鄙夷她红颜祸水，最后贫病交加而死的。实际情况如何已经很难考证。但这些说法都有一个共同点，就是承认师师南渡，而且晚景相当凄凉，不由得让人生出"红颜命薄"之叹！

南京啊南京

> 这里的每一块石头都会说话,这里的每一缕清风都吹拂了上千年。

金陵王气和短命的政权

"逛南京像逛古董铺子,到处都有时代侵蚀的遗痕。你可以摩挲,可以凭吊,可以悠然遐想;想到六朝的兴废,王谢的风流,秦淮的艳迹。"(《南京》朱自清)

南京,旧称金陵,一座充斥着华丽与斑驳,时尚与颓废,让人惊慕和艳羡不已的城市。提起它,人们脑袋中往往就像过电一样,无休止地跳出前人的佳句:"江南佳丽地,金陵帝王州","吴宫花草埋幽径,晋代衣冠成古丘","朱雀桥边野草花,乌衣巷口夕阳斜","山围故国周遭在,潮打空城寂寞回"。

在人们习惯的话语里,南京一般被称着六朝古都或者十代帝王州。公元前472年,越王勾践灭吴后,命越相范蠡筑城于秦淮河畔,这就是南京城最早的雏形。在这之后,陆续有十个政权选择了气势磅礴的南京。从三国孙权的东吴到琅玡王司马睿的东晋再到南朝的宋、齐、梁、陈,以及后来的南唐、明、太平天国和上世纪初的中华民国。在中国的城市中还很少有哪个城市能获得如此多的青睐,享受如此多的殊荣。

南京确实是个好地方,公元208年前后,带有联吴抗曹重任的一代名相诸葛亮奉命出使江东,在游览南京城,观察了南京的山川名胜后,这个刘备手下最为著名的智囊说出了一句被后人经常提及的话"钟阜龙蟠,石头虎踞,真帝王之宅!"无独有偶,在诸葛亮之前,就有很多人固执地相信南京的山川蕴藏着某种神秘的物质——王气。

南京王气的说法由来已久,但究竟起源于何人何时,不得而知。不过可以肯定的是,至少在春秋战国,这一说法就相当流行。据《景定建康志》记载:"周显王三十六年(公元前333年),楚子熊商败越,尽取故吴地。以此地有王气,因埋金以镇之。"楚王熊商败越后做的第一件事不是安抚百姓,恢复生产,而是埋金以镇王气,可见在当时王气之说是多么的深入人心,以至于被当成了国家的头等大事。

但也有人说,埋金的不是楚威王熊商而是秦始皇嬴政。秦灭楚后的第十三年,即公元前210年,尚在东巡途中的秦始皇某天远远地望见了东南方上空有华光飘忽,甚是不安,于是召来一大批通晓玄学的能人异士商议,结果大家一致同意"铸金人埋于此"。同时为了彻底破坏南京城的王气,秦始皇还特地命役夫在城内开凿了一条通往长江的河道,这就是后来那条烟水明艳、软玉温香、闻名天下的秦淮河。

关于这个说法同样也有人心存怀疑,他们说秦始皇压根就什么都没埋,而只是诡称埋有金人,以此来勾起大家的欲望,让那些盗宝的人为了金人把好好的一座城市挖得百孔千疮,用这种方式来泄掉南京的王气。

秦始皇以后,关于南京王气的说法有增无减,不过这时候无论是刘禹锡的"王浚楼船下益州,金陵王气黯然收",还是李群玉的"东南天子气,扫地入函京",南京王气都已失去了往日的光芒。当我们回过头来——捡拾起那些在南京落地生根的政权，我们会发现，它们都无一例外地有个特点——短命。在南京存在过的十个政权中，最长的是东晋（公元317~420年），103年，其他的都没能超过百年。东吴（公元222~280年），58年；刘宋（公元420~479年），59年；南齐（公元479~502年），23年；南梁（公元502~557年），55年；陈（公元557~589年），32年，局促一域的太平天国（公元1851~1864年）从起事到败亡总共不过13年。朱元璋建立的明朝确实也很长，但自从靖难之役明成祖迁都北京后，南京就沦落成了陪都，超不超过一百年似乎也就没有太多的意义。倒是后来在内忧外患中还都南京的南明小朝廷算是名副其实的南京政权，不过这个曾经给了天下汉人无限期望的政权只维持了不到一年就被来自关外的满族铁骑踏得支离破碎了。

悲惨的城市史

"草合离宫转夕晖，孤云漂泊复何依。山河风景原无异，城郭人民已半非。满地芦花和我老，旧家燕子傍谁飞。从今别却江南路，化作啼鹃带血归。"（文天祥《金陵驿》）

每每提到金陵，人们的脑海中就会浮现出一幅繁华散尽的画面：斑驳的城墙，带锈的剑戟，有雾，黄昏，鸡鸣寺沉闷的钟声，掩藏着巨大危机的纸醉金迷。伴随着政权的频繁更迭，历史上的南京城经历了一次又一次的屈辱和浩劫。

公元588年，隋朝起兵50万，破建康（南京），俘陈后主于胭脂井，结束了轰轰烈烈的六朝。灭陈后，隋文帝下了一道令人费解的命令——将六朝宫殿尽数"平荡耕垦"。金陵这座当时世界上最为繁华的都市在一道政令的驱使下灰飞烟灭。盛唐著名诗人李白曾在一首诗里这样描述往昔的繁华："地拥金陵势，城回江水流。当时百万户，夹道起朱楼。"不过,这样的场景终究只能属于过去。

直到唐末五代,随着社会经济重心的南移,南京才再一次繁华起来,到南唐后主李煜时,南唐的社会经济形态已经初步具备了后来张择端《清明上河图》中的绮丽。"儒衣书服盛于南唐","文物有元和之风","北土士人闻风至者无虚日",可以想见这是一幅怎样的画面。

但好景不长,南宋建炎四年(1130年),南京再一次经历了一场浩劫。因为一代名将岳飞、韩世忠曾将南京作为抗金的前沿基地,金人于南京城破之日报复性地抢劫纵火,在这场火中城内的大部分建筑化为灰烬,南京城元气大伤。这次毁灭性的破坏一直到了朱元璋的明朝才最终平复。

和尚出身的草根皇帝用一代富豪沈万三提供的银两对南京城进行了历史上最大规模的一次修缮。

修缮后的南京城共分三部分:旧城区、皇宫区、驻军区。而且环绕这三区还修筑了长达33.68公里的砖石城墙,城墙墙基用条石铺砌,墙身用10厘米×20厘米×40厘米左右的大型城砖垒砌两侧外壁,中实杂土,所用之砖由沿长江各州府的125个县烧制后运抵南京,每块砖上都印有监制官员、窑匠和夫役的姓名,其质量之可靠可见一斑。

但这么好的城市偏偏天王洪秀全就看不上眼,定都天京后,这个曾经连举人都考不上的八辈贫农动用了上万军民拆毁大批民房,在原来两江总督衙署的基础上扩建出了豪华的天王府。"城周围十余里,城高数丈,内外两重,外曰太阳城,内曰金龙城","雕琢精巧,金碧辉煌","五彩缤纷,侈丽无比"。可惜在这个豪华的天王府里,习惯了做春秋大梦的洪秀全也没过上几天安生日子。

1864年,湘军曾国荃部率先攻克天京(南京),并纵兵洗掠三日,见人就杀,见屋就烧,见财物、女子就抢,天京城尸积如山、血流成河。仅据曾国藩自己的记载,湘军"分段搜杀,三日之间毙贼共十余万人。秦淮长河，尸首如麻"，"城内自伪宫逆府以及民房悉付一炬"。另据清人记载，"金陵之役，伏尸百万，秦淮尽赤；号哭之声，震动四野"。以至于最后整个皖南地区"市人肉以相食，或数十里野无耕种，村无炊烟"。

这次屠城，是历来南京所遭受的灾难中最惨烈的一次。等到湘军散去，大火熄灭后，偌大的南京甚至连一棵完整的树都找不到。据说唯一的留存就是今天还在西花园内静静躺着的石舫。对于这些，现代人或许已无太多记忆，但在曾国荃屠城七十三年后，一个叫松井石根的日本人率领一批在军国主义下迅速成长的日本青年对南京城犯下了更为可耻的滔天罪行。

据不完全统计，1937~1938年南京沦陷后的几个月里，日本军人烧杀抢掠，无恶不作，奸淫中国妇女不计其数，大屠杀的数字在官方认可的文字里高达30万。这样的暴行就连当时日本人最亲密的盟友纳粹德国都说："日本人在南京的恐怖统治已达无以复加的程度。"而据中国人自己的记载："出新街口，经太平路，夫子庙，转中山路，沿途房舍，百不存一，……行人除敌兵外，绝对看不到另外的人，一片荒凉凄惨的景象，令我们不忍再看。"（蒋公谷《陷京三月记》）

明天更好的南京

这是距离南京城最近的伤痛记忆，不过好在无论这一页多么沉重，历史最终都翻了过去。

南京以自己的血泪见证了中华民族历史上一个又一个浩劫，也用她特有的不屈印证了那句老话——任何困难都压不倒英雄的中国人民。中山陵、南京长江大桥，一个个全新的景点在一贫二白的境遇里拔地而起，中国人以自己特有的坚韧不屈建设着新世纪全新的南京城，建设着高架桥、地铁、钢筋水泥的大楼和这个明天一定会更好的城市。

明朝第一疑案始末

> 一场大火之后,建文帝死了还是活着?活着他又去了哪里?

建　国

　　1367年(吴元年),这一年冬天南京的天气一直不好,淫雨霏霏,人家檐前的积水也"滴滴答答"地落个不停,甚是恼人。十二月十一日,韩国公李善长率文武百官奉表劝进朱元璋登基称帝。朱元璋"出人意料"地把头摇得像个拨浪鼓,表现得极为谦恭。第二天,"不死心"的群臣又在李善长的率领下再一次奉表劝进。并说:"陛下谦让之德著于四方,感于神明,愿陛下为生民计,早徇群臣之请!"朱元璋见戏都演到这份上了,也就不再坚持,很"委屈"地答应了群臣的请求。

　　《周礼》说"国之大事,唯戎与祀",接下来的当然是例行公事地祭祀宗庙社稷了,其场景就跟今天某些获奖者总是不厌其烦地感谢父母,感谢CCTV一样。圈外人或许觉得这显得有些矫情,但个中滋味非局外人所能明白。古代的中国也一样,正规的祭祀过后再登基称帝,你的政权才具有合法性,才可以披上那件"君权神授"的外衣。

为了进一步体现自己是真命天子，登基称帝毫无半点私心，纯粹是顺应天命拯万民于水火。朱元璋在告上帝皇祇时特意说道："……是用明年正月初四钟山之阳，设坛备礼，昭告帝祇，惟简在帝心，如臣可为生民主，告祭之日，帝祇来临，天朗气清，如臣可为，至日当煞风异景，使臣知之。"

套用一句老话"时光如水，岁月如梭"，时间就像穷人皮夹子里的钱，说没也就没了。一眨眼的工夫就到了第二年的正月初四，这一天朱元璋格外洋气，身着绣满卷龙图案的衮服，头戴冠冕，在群臣山呼海啸般的万岁声中登基为帝，国号大明。史载这一天风和日丽，霞光万丈，看来朱皇帝还真的是天命所归。在没有天气预报的情况下还敢下这一狠注，确实生猛。不过当你斜过眼去，看到朱皇帝身边青田人刘伯温那诡秘微笑的时候，我觉得我再说什么就有点挑衅你的智商了。

之后的朱元璋还做了几件大事，譬如派徐达、常遇春、李文忠北狩，邓愈下吐蕃，傅友德、蓝玉平云南，这一系列的举措大多都收到了朱元璋预期的效果。此外，朱皇帝还别有用心地圈罗了明初四大案（胡惟庸案、蓝玉案、空印案、盗粮案），从而以此为突破口，大刀阔斧地改革政府旧制，废臣相，加强皇权，分封诸子为王，藩卫王室等。这些事情有的是不得已而为之，有的是借鸡生蛋，但限于篇幅，于本文无多大关系的，将略去不述，望读者朋友谅解。

疏　忽

朱元璋是举世公认的心思缜密之人，甚至有学者认为，胡惟庸一案也是朱元璋策划、编剧、选角，一手包办致密罗织而成。但就是这么一位密不透风的主儿，偶尔也会有稀疏得像筛子的时候。

此话还得从头讲起，开国之初，朱元璋便大肆屠戮功臣，胡惟庸一案更是牵连人数达3万之多，在这一场没有硝烟的战役中，开国元勋几乎被屠戮殆尽。朝野上下一时为之一空，走在昔日以繁华著称的南京城，你甚至连条狗都见不到，更别说人了。但是由于剿灭敌人残余势力的需要，又有一部分人给点阳光就灿烂如夏在战争中茁壮成长。但同样的，他们中的大多数也没能逃过朱元璋的魔爪，洪武二十六年（1393年）的蓝玉党案牵扯人数也不得不以万作为计量单位。在这两次大清洗中，为掩人耳目，朱元璋还煞有其事地颁布了两本书《昭示奸党录》、《逆臣录》通告天下，正所谓欲盖弥彰是也。联系到前前后后朱元璋废臣相、废大都督府、设锦衣卫等一系列举措，可以看出朱皇帝的目的其实只有一个——加强君主集权，巩固大明江山！明人徐祯卿在《翦胜野闻》中记载了这样一个故事，由于朱元璋杀人太多，深受儒家熏陶且秉性纯厚的太子朱标曾请求父皇少杀，朱元璋随即把一根长满刺的大棒丢在地上，让朱标捡起来，朱标左右为难，一时不知从何下手。朱元璋见此情景，语重心长地说："孩子啊！现在我就是在替你拔除棒上的刺啊！"史书记载"标闻言，一时语塞"，竟不知如何是好。

　　但是当这些功臣宿将几乎被屠戮殆尽的时候，如果此时边关再燃烽火飞传加急文书该怎么办？可以负责任地说，这个问题朱元璋想过，而且比你我想得都远。首先此时大局已定，几只漏网的王八已经掀不起什么波澜！其次，也是更重要的一点，就是朱元璋的那群儿子们都已长大成人，其中宁王、晋王、燕王等均有将才，老四燕王更是行事干练，少年老成，颇有乃父之风。有这么一群大小子替你守着边关，还有什么放心不下的呢？况且从理论上讲，亲骨肉要比那些喝醉了酒才争着许诺"苟富贵，勿相忘"的所谓朋友稳靠多了。但是朱元璋可能忘了，世上还有这样一句话"一代亲，二代表，三代四代认不到"。他的儿子们在不久的将来也会慢慢变得生疏，想想五百年前，哪个黄皮肤黑眼睛的中国人不是一家子呢？朱皇帝自以为替接班人拔除了荆棘上所有锋利的芒刺，但事实果真如此吗？

在一次禁宫谈话中，朱元璋曾对自己屠戮功臣、分封诸子以藩卫王室的做法深以为是。他对皇长孙朱允炆即后来的建文帝说："我把防御胡虏的任务交给你的诸位叔叔了，以后边境上相安无事，你就可以做一个自由自在的皇帝了。"朱允炆没有盲目乐观反而一脸顾虑地望着年迈的祖父说："胡虏不靖，诸王除之。诸王不靖，谁又去抵御他们呢？"应该说，朱允炆看得很准，爷爷的确为他拔除了一些荆棘上的利刺，但同时他又种下了另一些更为锋利的。下一个秋天，当最后一只大雁南飞的时候，他的孙儿会替他收下那一树耀眼的荆棘。这是一个悖论也是一个事实。朱元璋穷尽一生亲手开创的这个庞大的帝国就像是武侠小说中的传奇武器铁蒺藜，无论你怎样丢，朝上的一面总会带有利刺，刺伤后来者的马掌。

对　策

根据相关资料，晚年的朱元璋也意识到了问题的严重性，并且做出了一些相应的补救措施，但那时候他已经老了，是真的老了。早在洪武二十五年（1392年），皇太子朱标死的时候，他一边抚摩着孙儿扁平的头颅，一边说："吾老矣！汝独不怜我哉！"这个时候，诸王尾大不掉之势已经形成，更加棘手的是诸王在长期的军事斗争中积累起来的经验、人脉，锻炼出来的胆识、谋略是永远无法逆转的。其中尤其值得一提的是受封北平的老四——燕王朱棣。这位老哥不仅兵精将强，实力雄厚，而且老谋深算，颇具野心。

明人郎瑛的《七修类稿》卷十《御对》记载了这样一件事。有一次朱皇帝与众儿孙在宫中观看跑马游戏，朱皇帝触景生情，遂出一上联"风吹马尾千条线"要众儿孙对下联。皇长孙朱允炆对的是"雨打羊毛一片毡"；而燕王朱棣给出的下联竟然是"日照龙鳞一片金"。燕王这一对"颇合圣意"，朱皇帝很是高兴，认为这个四小子像自己，以至于在洪武二十五年，皇太子朱标死后，在确定新的王朝继承人的问题上《太宗实录》出现了这样的记载：

戊寅（太子死后第二天），上御东角门召廷臣谕之曰："朕老矣，太子不幸，遂至于此，命也。古云：国有长君，社稷之福。朕第四子（燕王朱棣）贤明仁厚，英武似朕，朕预立天子，何如？"而据同一本书记载，在之前他与皇后马氏的对话中也说："诸子中，燕王仁孝，有文武才略，能抚国安民，吾所属意。"但可以肯定地说，后一则材料纯粹是后人的伪造，因为朱元璋的皇后马氏卒于洪武一十五（1382年）年八月初十，而太子朱标卒于十年之后的洪武二十五年。在当时太子尚在而且并无夭折征兆的情况下，雄才大略如朱元璋者绝不可能说出这等没来由的话，那么可能的话答案只有一个，即朱棣登极之后为了显示自己继承皇位的合法性而特意命人制假贩假，赔道德的成本以赚取天下人的吆喝。但前一则材料却在很多文献如《明史纪事本末》、《明史》中都有体现。从情理上推测，在当时朱允炆年仅16岁，而且过于仁弱的情况下，朱皇帝的确有可能从老朱家长远利益出发，在继承人问题上出现犹豫。那么，当朱元璋把这一棘手的问题抛给廷臣，他们又是如何处理这个老皇帝亲手掷出的这个仙人球呢？据《太宗实录》记载，当时的东角门大会气氛异常紧张，随手抓下一把空气都可以拧出廷臣的汗来。与会的所有人都清楚老皇帝的脾气，谁都不愿意冒这个险，拿吃饭的家伙开玩笑。过了半天，还是以耿直闻名的翰林学士刘三吾打破了可怕的沉默。他说："陛下言是。然置秦、晋二王于何地也？"语气很委婉，但道理却剖析得很清楚，按照儒家"有嫡立嫡，无嫡立长"的原则，老大朱标死后，老四朱棣前头还有两个哥哥。如果把他立为合法继承人，那他的两个哥哥又该摆在什么位置呢？当时的史书记载，朱元璋闻言，沉默良久，"大哭而罢"。胳膊终究还是没拧过大腿！

于是在这一年的九月，朱元璋诏立16岁的朱允炆为皇太孙，作为皇位的法定继承人。按说，生米既然已经煮成熟饭，大伙也应该没什么异议了。但是随着洪武二十八年（1395年）七月，洪武三十一年（1398年）二月，秦晋二王，也就是的朱棣两个哥哥相继去世。事情又一下子又变得微妙起来了。这样的状况不是朱元璋愿意看到的，但对于生死这回事即使你万能如耶稣同志又能做些什么呢？现在老皇帝必须尽快清醒过来，为他的皇太孙，为他穷尽毕生精力的大明王朝做些什么。事实上他也是这么做的。但是面对自己的亲生骨肉他能采取过去用过的老办法吗？他忍心从肉体上一劳永逸地解决对手吗？如果没人愿意走到那一步，那么摆在他面前的路就只剩下一个字了——防！但话又说回来，天下的事防得尽吗？俗话说，不怕贼偷就怕贼惦记。当道高一尺的时候，魔为了混个脸熟自然得跟着水涨船高，魔高了，道也不能坐以待毙，不管是吃增高钙片，还是敲断骨头只要能更高就行。按达尔文的说法，这是一个"物竞天择，适者生存"的过程。按香港警匪片的演绎，这应该是一出经典的《暗战》或者《无间道》。但无论如何，朱元璋还是应该做点什么。

洪武三十一年（1398年），他命都督扬文、武定侯郭英参赞燕王备边，只要智商不低于两位数用屁股想都知道老皇帝葫芦里究竟卖的什么美味佳肴。遗憾的是，由于时间仓促，这一把美味佳肴火候把握得不好。就像冬暖夏凉、老少咸宜的皮蛋瘦肉粥，皮蛋还没煮软，瘦肉却煮老了。闰五月初十，71岁的老皇帝走到了人生的尽头，在留下一份简短的遗诏后匆匆撒手西去，他甚至都没能亲眼见一见他的儿子们。遗诏全文如下：

"朕膺天命三十有一年，忧危积心，日勤不怠，务有益于民。奈起自寒微，无古人之博智，好善恶恶，不及多矣。今年七十有一，筋力衰微，朝夕危惧，虑恐不终。今得万物自然之理，其奚哀念之有。

皇太孙允炆仁明孝友，天下归心，宜登大位。内外文武臣僚同心辅政，以福吾民。丧祭仪物，毋用金玉。布告天下，宜登大位，使知朕意。孝陵山川因其故，毋改作。天下臣民，哭临三日，皆释服，毋妨嫁娶。诸王临国中，毋至京师。王国所在，文武吏士听朝廷节制，惟护卫官军听王。诸不在令中者，推此令从事。"

在这篇不到两百字的遗诏里，朱元璋除了总结自己的一生并对后事做出安排外，另有四句话颇为耐人寻味。一是"皇太孙允炆仁明孝友，天下归心，宜登大位"，此句再次重申了皇太孙朱允炆的唯一合法继承人地位，说明朱元璋也意识到朱允炆的这一地位存在不和谐因素。二是"诸王临国中，毋至京师"，这句话有两层意思：表面上看诸王防守备边，责任重大，如果此时都齐齐来赴京奔丧，如果敌国乘虚而入事情就不太妙了；更重要的是防备诸王以奔丧为名带兵前来，从而引发不必要的变故。三是"王国所在，文武吏士听朝廷节制，惟护卫官军听王"，此句重申在诸王藩国内的文武吏士依然统属于国家，受朝廷节制，而不得与诸王为伍，架空中央。四是"诸不在令中者，推此令从事"，这一句更是言有尽而意无穷，可以从中解读出多重意思。其中至少有一条，他暗示了对朱允炆皇位构成最大威胁的正是他那群叔叔们，在这里我不得不再次表示我对朱元璋心思缜密的佩服。但他终究还是去了，他的时代已经结束，现在的这个国家虽然还在姓朱，但屁股后面跟着的却是他的孙子朱允炆。

削　藩

五天之后，朱允炆根据太祖遗诏和老皇帝生前的安排即皇帝位。改明年为建文元年。但是存在的问题并没有随着这次改元和老皇帝的逝世而消失。相反，却比以往任何时候都更加突出了。如果说老皇帝的存在对他的那群儿子们还有一定约束力的话，那么21岁的朱允炆在众叔叔们的眼里还只是一个乳臭未干的大孩子，论年龄、资质他都没有什么特别出色的地方，他凭什么坐在众叔叔的头上拉屎呢？难道仅仅因为是嫡出？朱允炆一定还记得洪武二十五年的那一幕。因为刚刚被册立为皇太孙，按礼仪诸王都必须去南京朝贺。当时，胡子拉碴的四叔——燕王朱棣在大殿上看见面皮白净的朱允炆时，用手在他扁平的后脑勺上狠狠拍了一巴掌说："嘿！小子，想不到你还有今天。"这则故事记载在明人沈德符的《万历野获编》里。虽然事情略微有些夸张，但体现的东西应该跟真实的情况不会有太大出入。据《明史》记载，当年黄子澄还在宫中陪皇太孙读书的时候，一次，二人就在宫中的东角门讨论过削藩的问题。以至于后来在建文登基后还把"东角门谈话"当作摩斯密码来使用，提醒黄子澄道："先生，忘了当年的东角门对话吗？"黄子澄答道："臣不敢忘。"于是一场紧锣密鼓的削藩运动便有条不紊地酝酿实施开来。

　　后来发生的事，胜利者把它定性为"靖难"。由于这一战争本身跟本文并无多大关系，在此不做展开。只略微叙述一下战争的几个阶段。

　　靖难之役大体可分为四个阶段，第一阶段以老将耿炳文的出征为标志，这一阶段双方互有得失，耿炳文虽没能完全击溃燕军，但燕军也没能从这位以防守著称的老将手上抢走多少便宜。在这个时候，朝廷的一个错误决定使战事来了个360度大翻盘。这个时候战争进入了第二阶段，这一阶段，建文帝的重要谋士、削藩积极分子黄子澄错误地向朝廷推荐了一代将门之后——曹国公李景隆，李景隆乃开国元勋李文忠之子。事实证明这世界上有太多的赵括，这位靠着祖上荫庇的曹国公不仅无才而且无德，他甚至都不如赵括，真是可惜了他死鬼老爹那一世英名。朝廷让这位仁兄率领50万大军北伐，但是在狡猾的朱棣面前，他的豪言壮语像窗户纸一样一捅即破，50万人几乎全军覆没。燕军取得了空前的胜利，乘势南下，但出人意料的是在山东境内他们遭遇了顽强的抵抗。铁铉和盛庸的出现让对战事早已萎靡的建文帝眼前一亮，于是任命此二人，统帅大军。随着这次换将，战争进入了第三阶段。俗话说，三个臭皮匠，抵个诸葛亮。但很多时候三个诸葛亮绑在一起还不如一个臭皮匠管用。铁铉和盛庸的出现虽然止住了败势，但是要想完全扭转战局又谈何容易，这一阶段，朱棣手下的猛将朱能战死，双方相持不下，战事进入焦灼状态。但是很快，燕王运用他的聪明才智打破了僵局，他像三国名将邓艾那样选择了另一条走向辉煌的道路，他避开铁铉、盛庸固守的坚城，强渡淮河，之后又成功地跨越长江天险，神不知、鬼不觉地屯兵于南京城下，继而以镇江为依托，里三层外三层把南京城围了个水泄不通。这个时候留给建文帝的时间不多了，而这样的结果也足以让所有人大跌眼镜。

下　落

　　1402年即建文四年，六月十三日，谷王橞和曹国公李景隆打开京师北向的门户——金川门，接着，如潮的燕军涌入城内。朱棣兵不血刃地占领了南京。正式宣告这场朱氏两代人之间长达四年的皇位争夺战以侄儿朱允炆的彻底失败而告终。但是，令胜利者叔叔朱棣高兴不起来的是，侄儿突然间下落不明。《明史》这样记载当时的那一幕，"谷王橞及李景隆叛，纳燕兵，都城陷，宫中火起，帝不知所终。"俗话说：活要见人，死要见尸。朱棣非但没有看到侄儿其人，就连见到的尸体也被烧得焦黑，真假莫辨。这自然给后人留下了极大的想象空间。以至在三百年后，张廷玉主持编修的《明史》里也搞不清这究竟是怎么一回事。于是几说并存，在确定"不知所终"后又继续写道："燕王遣中使出帝后尸于火中，越八日壬申葬之。或云帝由地道出亡。"在这短短的28个字里又指出了另外两种可能的下落：

　　一是焚死宫中说。据《太宗实录》记载，在燕王进入金川门后，建文帝也曾想过出来迎接燕王，然而又感觉无颜以对，自叹道："我何面目相见耶！"于是与马皇后一起闭宫自焚。这时，匆匆往皇宫方向赶的朱棣"望见宫中火起，急遣使救之，可惜没来得及。几个手脚麻利的太监从灰烬中找出来一具烧焦的尸体，朱棣看后不胜悲戚，抚尸痛哭，说："果然若是痴呆耶。吾来，为扶翼尔为善，尔竟不谅，而遽至此乎！"照这种说法，朱允炆是闭宫自焚无疑了，然而从朱棣继位后大肆篡改《大祖实录》的前科来看，他不是没有对修起居注的太监施加压力的可能，另外也不能排除史官有意讨好朱棣或者根本无法秉笔直书的事实。正所谓"正史不正，实录不实"是也！至于，之后的皇帝为何缄默不语原因大致有三：首先，这些皇帝均是出自朱棣一系；其次年代久远，难以查考；再次，谁也不可能傻到说自己从先祖那里继承下来的皇位是先祖昧着良心篡夺别人的。

另外，据《实录》记载，建文帝是与马皇后一同自焚的，但事后马皇后的尸体得以辨认，为何独独建文帝的尸体存在疑问呢？这里有两种可能：一，尸体的确有问题；二，时人怜悯建文之结局，故意妄说。在这里还必须插一句，当时失踪的皇族成员，并非建文帝一人，皇长子朱文奎也不知所踪。至于朱棣对着那具无名野尸的一顿大哭，则完全是一场脱光屁股的政治秀，"孔明哭周瑜"，"司马昭之心，路人皆知"。当时的情况是，早在朱棣不战而屈人之兵于南京城下的前夕，建文帝就已派出自己最得意的干将——齐泰、黄子澄去四处募兵勤王了。此时虽然都城被攻破，但各地的勤王之师依旧蠢蠢欲动，向京师方向聚集。朱棣这一闹一哭无异于站在官方的立场上宣布建文帝已死。这一来自然冷了勤王众人的心，既然连所勤之王都呜呼哀哉了，大伙还来蹚这趟浑水作甚？朱棣果不愧老谋深算，心机过人，接着他又接受王景的建议"备礼葬建文君"并"遣官致祭，辍朝三日"。勤王之师一见，闹来闹去原来是这结果，便各自散了。天下就这样落入了朱棣的股掌之中，传檄而定也就是顺理成章的事了。

至于说到那具快烧糊的尸体是不是建文帝本人，已经不重要了，重要的是朱棣已向天下宣布他就是建文帝了。在人体没有配备黑匣子，尚不知DNA为何物的15世纪，皇上说是那就是了。正所谓"春来我不先开口，那个虫儿敢做声"。更何况，是非这东西当不得饭，说不准，面对着一大桌美味佳肴，你突然想起那具烧糊的尸体，还会作呕呢！你死鬼老爸在的时候，我们缴税；你侄儿在的时候，我们缴税；你来了，我们眼前的路也就那一条——缴税！诚如几百年后康熙大帝在一次巡视边防的时候，问接待他的陕甘总督："你们汉人出了那么多的名人、才子、大学士，为什么还被我们满州人夺取了江山？"陕甘总督的回答很有点味道，他说："臣想不转这些事情！"的确，"不在其位不谋其事"管好自己那一亩三分地得了。至于那具尸体，甭管他是谁，反正不是自己就行了。但反过来，做人如果都做到这份上，也算完了。是非与势利本来就是人性的两个方面，就像小时候是人就会玩的跷跷板，有时是这头高，有时是那头高，有时高的那头是别人，有时高的那头是自己。于是在《大宗实录·补本》里大家还能看到这样的记载："燕王遣中使出后尸于火，诡云帝尸，越八日壬申葬之，用学士王景言，备礼葬之。"也就是说，当时找到的那具尸体是马皇后，只是被朱棣"诡"云做帝尸了。这样看来，朱允炆极有可能没死。因为按照刑侦学的标准，死是要见尸的，既然所谓的尸是朱棣诡云而成，那么朱允炆就可能还活着，那么朱允炆还活着吗？

二是出亡说。有人坚定地说："还活着！"这其中最典型的代表就是谷应泰。他在他那本赫赫有名的《明史纪事本末》中极为详细地记录了这一事件的前前后后。

建文四年夏六月乙丑，帝知金川门失守，长吁，东西走，欲自杀。翰林院编修程济曰："不如出亡。"少监王钺跪进曰："昔高帝升遐时，有遗箧，曰：'临大难，当发。'谨收藏奉先殿之左。"群臣齐言："急出之！"俄而舁一红箧至，四围俱固以铁，二锁亦灌铁。帝见而大恸，急命举火焚大内，皇后马氏赴火死。程济碎箧，得度牒三张，一名应文，一名应能，一名应贤。袈裟、帽、鞋、剃刀俱备，白金十锭。朱书箧内："应文从鬼门出，余从水关御沟而行，薄暮，会于神乐观之西房。"帝曰："数也！"程济为帝祝发。吴王教授杨应能愿祝发随亡，监察御史叶希贤毅然曰："臣名贤，应贤无疑。"亦祝发。各易衣披牒。在殿凡五六十人，痛哭仆地，俱矢随亡，帝曰："多人不能无生得失，有等任事著名，势必穷诘；有等妻子在任，心必萦系，宜各从便。"御史曾凤韶曰："愿即以死报陛下！"帝麾诸臣，大恸，引去若干人。九人从帝至鬼门，而一舟舣岸，为神乐观道士王升，见帝，叩头称万岁，曰："臣固知陛下之来也。畴昔高皇帝见梦，令臣至此耳！"乃乘舟至太平门，升导至观，已薄暮矣。俄而杨应能、叶希贤等十三人同至。

这段文字记载得有板有眼，栩栩如生，不由得你不信。后世学人多从其说。但他跟另一则来自《明史》的材料有出入。《明史·程济传》载，洪武三十一年（1398年），朱元璋弥留之际，把皇太孙托付给程济，并告知奉先殿铁匣一事。我们不排除事事都考虑得极为周详，况且在晚年对诸王已有所警觉的朱元璋会真的留有这一后手。但按说事关重大，朱元璋不可能把这件事再告诉更多的人，更何况这种事情见不得光，知道的人当然是越少越好。朱元璋不会傻到把这件事搞得像"超级女生"、"加油！好男儿"一样沸沸扬扬。而且这种存在离间自己亲生骨肉嫌疑的事本来就是朱元璋最痛恨的，早在开国之初就有个叫刘伯巨的人曾提醒过朱元璋封藩的巨大危害性，朱元璋认为他这是在离间自己与诸王的关系，结果我们忠心耿耿的刘伯巨同志没能见到第二天从南京城头升起的太阳。按照这个逻辑，等到建文四年，金川门失守之时，跪陈铁匣一事的应该是程济而不是少监王钺。于是在谈迁的《国榷》里，进献铁匣的人又被改了过来。

尽管如此，谷应泰的这一说法仍具极高的可信度，因为从之后的种种迹象来看，建文帝在1402年之后还活着的可能性极大。这里首先得从朱棣即位之后的所做的几件大事说起。

其一，不遗余力地屠杀建文旧臣，痛打落水狗，防止失败者相互勾结，企图东山再起。要么不做，要么做绝。

其二，加大僧道度牒的管理力度。从这一措施看，朱棣应该对谷应泰的说法有所耳闻，并且企图从源头上控制住僧道的流动，继而达到防止建文帝假僧道之名四处游走。余继登的《典故纪闻》曾说，永乐时期，朱棣多次命礼部榜示天下，申明僧道"俾守清规，违者必诛"。对待僧道如此严厉，不能不让人有所遐想。

其三，派郑和六下西洋。历史上的郑和曾七下西洋，但其中最后一次是发生在朱瞻基的宣宗朝。应该说，郑和下西洋的动机很复杂，但不可否认其中负有追查建文帝下落的使命。理由有二：一，随行成员中有大量的特务人员——锦衣卫。二，《明史·胡濙传》明确记载："传言建文帝蹈海去，帝分遣内臣郑和树辈，浮海下西洋。"《明史·郑和传》也说："成祖疑惠帝（建文）亡海外，欲踪迹之。"看来，朱棣对建文帝还是相当敏感，不放过任何一点蛛丝马迹。

其四，派胡濙寻访仙人张三丰。从成祖过去的行事来看，他并非极度迷信之人，他也懂得"人生一世，草生一秋"的道理。在当年"靖难"的蒿城之战中，闰三月初六，本来这一天是"兵家所忌，不可济世"的"十恶大败"之日，但朱棣不顾诸将空前一致反对，毅然兴兵渡河并说出"拘小忌者终误大谋"的话，并于初十日一举击溃吴杰。这样看，他是不会去干当年秦始皇干过的蠢事的，那么，寻访张三丰就只能是一个掩人的幌子了。《明史·胡濙传》同样记载得很明白，永乐五年（1407年），胡濙"遍行天下州郡乡邑，隐察建文安在"。"隐察"就是秘密地查，"安在"就是"是否还在"。从这里可以看出，朱棣对当年那具烧糊的尸体也无绝对把握。如果他铁定了那不是建文帝，这里的词恐怕得改成"所在"了。

但这一说法遭到了持自焚说学者们的强烈反对。他们说，当时的南京城并没有所谓的下水道设施。既然这样，就更不可能存在所谓的鬼门、御沟逃路了，那么出亡一说就纯粹是后世好事之人的小说家言了。这一诘问曾让持出亡说的学者们哑口无言。直到1991年，南京的建邺路拓宽工地时偶然发现规模宏大的明初下水道设施，这一诘问才不攻自破。顺便说一句，明初的下水道不仅规模宏大，而且设计合理，布局完善，令人叹绝！更令人叹绝的是1998年，施工人员在修复南京中山门外前湖边一段坍塌的城墙时，意外发现在这道厚大的城墙里居然还包裹着一段小城墙。并且在小城墙外、大城墙内还发现一个约1.7米宽，2.5米高的隧道。紧接着在小城墙下又发现一个比隧道口略大一些的涵洞，穿墙而过。这一连串的发现似乎越来越说明一个事实，建文帝确实是在随从的帮助下，剃了发，卸了妆，然后从下水道的涵洞里逃了出来！如果事实真的如上面出亡说的学人们所认定的那样，逃过一劫的建文帝又去了哪里呢？

归　宿

这一下说法就更多了，连就在当朝，且掌握着大量内宫资料，博学如张居正者都搞不清楚，后人要想彻底弄个明白恐怕很难了。据《神宗实录》记载，万历二年（1574年）十月，12岁的小皇帝朱翊钧突然向他的老师首辅张居正问起建文下落一事，张居正道："国史不载此事，但先朝故者相传，言建文皇帝当靖难师入城，即削发披缁（黑衣服），从间道（小路）走出，后云游四方，人无知者。"从这则材料我们可以得出两点条结论：一是首辅张居正倾向于出亡说；二是当时的政治环境已经松动，政府也不再忌讳谈论这个事情。等到万历二十三年（1595年）神宗诏复建文年号之后，民间更是禁忌全无，各种有关建文出亡一事的真书伪作如雨后春笋般一股脑儿全冒出来了。其中比较有名的有程济的《从亡随笔》，史仲彬的《致身录》，以及早于这两本书的《忠贤齐秘密录》等，以至建文帝的归宿又生出诸多的说法。

其一，北京西山说。

早在英宗朝就发生过一起震惊朝野的假冒建文帝事件。据《明英宗实录》记载，正统五年（1440年）十一月，有个老僧年九十余岁，从云南到广西思恩府，对人说："我乃建文皇帝是也。张天师说我有四十年苦，今为僧期满，应返回邦国，以享天年。"思恩州土官岑瑛感觉事关重大，于是将老僧和他的随从抓了起来，押送京师。朝廷对这个事情相当重视，马上主持大臣会审。一开始老僧坚称自己就是建文帝并说："今年九十余，且死，思葬祖父陵旁耳！"这时，审案的一位御史从旁诘问道："建文君生于洪武十年，距正统五年当六十四岁，何得九十岁？"老僧哑口无言，经过进一步审问，老僧供认本名叫杨行祥，河南钧州白沙里人，洪武十七年度牒为僧，游历两京及云贵、广西等地，听熟了建文的一些故事，在同伴的怂恿下前来冒充。英宗下令将其囚于锦衣卫，"论死！同谋12人戍边。"

但这个故事还有另外一个版本。据明万历间御史屠叔方《建文朝野汇编》一书记载：某天，他与御史黄大克聊天时，黄谈了一件怪事。黄的同乡侍郎王瓒，说自己从前担任南京刑部河南司郎中时，曾亲眼看见一名老僧在都察院的大堂上受审，后来被押解到了京师，朝廷提审后查清了老僧的真实身份，于是将他秘密养在牢中。据知悉内情的狱卒透露，这个神秘老僧就是建文帝。黄大克还说，此事传开后，朝廷为了平息这起风波，以一个老年囚犯为替身，斩首示众。后来建文帝得以寿终，葬在北京西山某处。从这则记载的来源和流传途径来看，完全是一个小道消息式的传闻，中途经过很多人的口耳相传才传到屠叔方这儿，所以这一则材料的可信度实在不高。

颇为诡异的是，这事还有第三个版本。谷应泰在《明史纪事本末》里记载的谷版，他这个版本是在《明英宗实录》上的一个展开。书中说，当时自称建文帝的人确实名杨行祥，而非建文本人，但建文本人也在杨行祥的同行十二僧之中。当朝廷下旨要把从犯十二人发配到辽东戍边的时候。建文已有南归之意，便以实相告。朝廷拿不准，便把当年伺候过建文帝的老太监吴亮叫来。建文帝一眼就认出了吴亮，吴亮予以否认。建文帝于是说："当年我在御便殿，你尚食，那次吃的是子鹅。我弃肉一片于地，你伏地舔食！不记得了么？怎么能说自己不是吴亮呢？"接着又说："听说老臣杨士奇还活着，能叫他出来相认吗？"书上说，吴亮听后，"伏地大哭不止"。回去后就在房梁上挂条裤带样的玩意儿自杀了！（又一个死无对证）。英宗于是把老僧迎到宫中，宫人皆呼之为"老佛"，后来"以寿终，葬西山，不封不树。"这一说法颇多漏洞，一是如果建文果在十二僧之列，为何首犯杨行祥不把他供出来而自己招认呢？二是建文帝性格仁弱，"弃肉一片于地，吴亮伏地舔食之"这样的事不太可能发生在他身上。反过来说，就算这样的事发生了，难道这事就真的那么令他难忘？以至于在四五十年后还如此记忆犹新？可见这事臆造的成分同样很大。

其二，流落西南说。

《明史纪事本末》说，建文帝成功出逃后，带着杨应能、叶希贤、程济两比丘一道，隐名易服，"西游重庆，东到天台，转入祥符，侨居西粤，中间结庵于白龙，题诗于罗永，两入荆楚之乡，三幸史彬之第，踪迹来去，凡数千里"。西南各省也流传和保留有很多关于建文帝的传说和遗迹，甚至在各地的地方志中也多有记载。

明人徐霞客就曾考察过传说中的贵州白云山惠帝修行遗迹。他的《徐霞客游记》这样记载："有巨杉二株，爽立磴旁，大合三人抱；西一株为火伤其顶，乃建文君所手植也。再折而西半里，为白云寺，则建文君所开山也；前后架阁两重。有泉一坎，在后阁前槛下，是为'跪勺泉'。下北通阁下石窍，不盈不涸，取者必伏而勺，故名曰'跪'，乃神龙所供建文君者。中通龙潭，时有金鲤出没云。由阁西再北上半里，为流米洞。洞悬山顶危崖间，其门南向，深仅丈余，后有石龛，可旁为榻。其右有小穴，为米所从出流以供帝者，而今无矣。左有峡高进，而上透明窗，中架横板，犹云建文帝所遗者，皆神其迹者所托也。洞前凭临诸峰，翠浪千层，环拥回伏，远近皆出足下。洞左构阁，祀建文帝遗像（阁名'潜龙胜迹'，像昔在佛阁，今移置此）乃巡方使胡平运所建，前瞰遥山，右翼米洞，而不掩洞门，其后即山之绝顶。"

与这则记载相近的传说更是诡异，建文帝所亲手种的那棵树因为像建文帝一样思念南京，其枝叶居然全朝着故都的方向。池塘的那两尾金色鲤鱼也不是寻常事物，它们是建文皇帝的天气预报，偶一出现就是要变天了，提醒建文帝打雷、下雨该收衣服了。至于那个流米洞，后来因为寺里的一个和尚贪财，想要多囤积些储备粮，于是把开口挖大。那洞也是通人性的，一见这架势，连米渣子都不流了。这些传说近乎神话，自然当不得真。但却说明一个问题，即民间对建文帝同情者大有人在。另外一些史书记载有此地建寺之经过。"永乐四年夏四月，建文帝至西平侯沐晟家。留旬日，五月结茅白龙山。"甚至还留有这样的记载，"五年冬十二月，建文帝祭死难诸人，自为文哭之"。据隆庆进士冯时可的记述，他当年在此庵游玩的时候，庵内还留有传为建文帝的题壁诗三首，后来被广顺州知州韩之屏汇刊于石！其真假难辨，现将其二存录如下，以供爱好者赏析，鉴别：

风尘一夕忽南侵，天命潜移四海心。凤返丹山红日远，龙归沧海碧云深。紫微有象星还拱，玉漏无声水自沉。遥想禁城今夜月，六宫犹望翠华临。

　　阅罢楞严磬懒敲，笑看黄屋寄团瓢。南来嶂岭千层迥，北望天门万里遥。款段久忘飞凤辇，袈裟新换衮龙袍。百官此日归何处？唯有群鸦早晚朝。

　　不仅如此，在其他地方如四川邻水县的御临河，广西南宁郊的宝华山应天寺，重庆的南温泉公园等都留有传说中的建文帝遗迹。1958年，著名的历史学家郭沫若先生在游览重庆的南温泉公园后曾赋诗一首："南泉今日我重来，且喜江梅花半开，旧代政权余废垒，新喜民意乐登台。建文隐处埋荒草，仙女涧头长碧苔，浴罢温泉生趣满，花溪舟楫唤人回。"除了上述各地，另外还有两处地方颇为引人注意。

　　广西宜山县。在1986年的文物普查时，在城东北隅的江岸边，发现两处石刻，一曰"祭台"，一曰"泣血"，传为建文帝当年出逃时所刻。据《宜山县志》记载："明义马冢，在城东北角小北门江岸上，明惠帝云游至庆远（今宜山），寓西竺寺时，卫指挥彭英先曾侍帝。遇之呜咽不自胜，馈蒸羊，帝起作偈而诵之。乃食。既登舟，英复多所献。帝解所乘马酬之。复作偈曰'蹴蹋人间几许年，艰难险阻共周旋，今日别尔东西去，何日相逢兜率天'乃解缆，其马腾越触石而自毙，瘗此处，帝敕石'泣血'二字。"据称这是国内首次发现的建文帝笔迹。

　　云南武定县狮子山正续寺。相传建文帝出亡至昆明，寓城中五华寺，自言与镇南将军西平侯沐晟相识。寺僧通报，沐晟至寺。与建文密谈，遂遣人送至武定府狮子山隐藏。后滇人为了纪念这位丢失皇位的皇帝，塑其全身像以供。此寺流传有序，早在万历年间就已经盛名在外。万历前期，时任云南巡按御史的刘维曾在庚辰年（1580年）八月七日登上狮子山巅,极目远眺,山隐龙蛇,气象万千,感叹不已,后来他在《写金纲经序》中说道"建文潜此,理或然也"。到万历后期,时任云南右参政的谢肇在其撰写的《滇略》中更是说起当年建文帝修行时穿过的禅衣,用过的锡杖,原文为:"武定狮山崖半有庵曰龙隐,中祀建文皇帝禅衣、锡杖,凄然老纳状也。"后世文人如天启年间(1621~1627年)的刘文征,清代曾出任武定直隶州知州的郭怀礼等,都有相关诗文传世。现今寺内仍是诗文众多,其中一楹联一匾额颇为绝妙。

楹联曰:"僧为帝,帝亦为僧,数十载衣钵相传,正觉依然皇觉寺;叔负侄,侄不负叔,八千里芒鞋为步,狮山更比燕山高。"匾额曰:"叔误景隆军,一片婆心原是佛;祖兴皇觉寺,再传天子复为僧。"

以上各说真真假假,虚虚实实,有时言之凿凿,有时又难免自相矛盾。加之年代久远,一时间也难以查考,姑且存疑。

其三,江苏吴县说。

这一说以徐作生先生为代表,他的《龙角葬当致天子——明建文帝出亡遗踪》一文曾力辩其实,引起学术界的轰动。文章从建文帝的主录僧傅洽被抓讲起,《明史·姚广孝传》载有傅洽被抓一事,"初帝入南京,有言建文帝为僧遁去,傅洽知状,或言匿傅洽所。帝乃以他事禁傅洽。"而且这一禁就是十多年,直到太子少师姚广孝临终前亲自替他求情说:"傅洽系久矣,愿赦之。""至是,帝以广孝言,即命出。"从这时起傅洽才重获新生,告别了"手里呀捧着窝窝头,眼泪止不住地往下流"的日子,但是只要一闭上眼睛,这些年的往事就会山呼海啸般袭来,挥之不去。于是傅洽向朝廷请命回到南京的大报恩寺,以终老佛门。当时的仁宗皇帝答应了他的请求,还赐给他大量的佛经,派专人、配专车把他送回了南京。宣德元年(1426年)傅洽自感油尽灯枯,留下一段偈语,飘然仙去。偈语云:"清净自在中，还是如是住。一切大安乐，清净自在住。"徐先生把"住"拆解成"人中之主"。乃得出傅洽偈语中所谓的"住"正是金川门事件后逃亡在外的建文帝。傅洽既然留下这样的偈语，说明他的确知道建文帝的去向。而从姚广孝一力为他求情似乎也说明姚广孝知悉内情。姚广孝曾写过一首题为《病猫》的诗，耐人寻味：

衔蝉踏雪世难寻，爪敛毛摧苦病侵，即倦终宵巡髦下，难思长日卧花荫，欲急快啖非天意，纵鼠横行岂有心，谁念前功能保受？夜寒收汝入重衾。

徐先生综合考虑当时的政治环境、建文帝的处境以及姚广孝在靖难之后性格的改变等诸多因素，认为这首诗有特定的政治隐喻，而其中所吟咏的那只病猫正是此时出亡在外的建文帝。

另一方面，最早发现的出亡奇书《忠贤奇秘录》始为松江人王诏发现于吴县的治平寺中。当时这本书的封皮是佛教经典《楞严经》（让人想起觉远大师和《九阳神功》），但书中所载却全是有关建文帝及其随亡旧臣20多人的事迹，可惜的是"楮墨断烂，可识者九人"。后来的《致身录》等书均以此书为本附会而成。从这里也可以旁证建文帝极有可能出亡吴县。应该说有相当一部分人是认可这一看法的。当地的地方志如《苏州府志》、《吴县志》均有相关记载。张郁文的《木渎小志》还明确指出了建文帝出亡的具体地点——积翠庵。"积翠庵，在茅蓬东，一名皇驾庵。明建文帝逊国时曾移驾于此，万历间始显。"作者亲自拜访了早年曾在皇驾庵当过主持的开明法师，一番愉快地交谈之后，法师抄了一首据说是章太炎先生以前题在殿堂楹柱的诗相赠。"龙角葬当致天子，此处唯许法皇居，燕飞来竟啄皇孙，后嗣休随和尚误。"诗中的"法皇，皇孙"指建文帝，"燕"指燕王朱棣，"和尚"指在靖难之役立下头功的姚广孝，"龙角之地"指的就是寺后的小山包。从章先生的诗来看，显然章先生认为，那块所谓的"龙角之地"葬着一位天子。此种说法在当地流传甚广，妇孺皆知。而且在皇驾庵四周还发现有雕龙柱础，这皇家物什不比过年包饺子，有点面粉就可以做的。

综上所述，徐先生得出了出亡吴县的结论。并且这一说法跟《明史》的一则材料不谋而合。《明史·胡濙传》载，永乐二十一年（1423年），胡濙还朝奏事复命。正好此时，朱棣亲率大军征讨阿鲁台行至宣府。胡濙不敢懈怠，日夜兼程，赶到宣府，到达时已是深夜。朱棣这时也已经睡了，但是听说胡濙来了，急忙起床召见。史书记载："濙悉以所闻对，漏下四鼓乃出。"谈些什么？没人知道。但是两个月后，朱棣做了一件令人诧异的事情，"诏谕礼部尚书吕震，尽赦诸死义者家属，给还田产。于是稍稍有敢言建文事者。"至此，这一事件算是告一段落。从以上这则材料可以分析得出三个结论：首先，胡濙所奏之事极其重要，因为他连夜赶到宣府；其次，胡濙所奏之事应该与他肩负的使命有关；再次，此事应该跟后来的"尽赦诸死义者家属"一事有所关联。从这三个充分条件出发，徐先生认为胡濙所奏的事极有可能是建文帝的死讯。明人赵士哲在《建文年谱·跋》中道："朝廷使胡忠安（濙）巡行天下，物色十余年，归阙问状，以无足虑对，足完君臣叔侄之伦矣。"其中"足完君臣叔侄之伦"一句，据先生分析，指的正是成祖得知建文行踪而又不想伤害这个已经不与世争的侄儿。现在正好建文帝自然死亡，成祖皇帝也做了，心病也除了，已经没有什么可担心的了。另外，仁宗的御制长陵碑有建文死后，成祖曾"备天子礼以敛葬"。那么这个地点就极有可能是皇驾庵背后的小山丘了。徐先生的考证严密，叙述得体，还有大量的文献资料与自己实地考察的访问记录为证，应该说可信度是相当高的。

其四，落籍湘潭说。

此说是何歌劲先生的全新提法，何先生以家族口头相传的故事和祖谱遗存的蛛丝马迹为切入点，刊于民国十八年（1929年）的《湘潭锦石何氏七修族谱》有很多类似记载："吾族汝川公，于明永乐二年（1404年）由豫章来潭，即奉为不迁之祖。""旧谱载始祖汝川公来潭，入为何氏之馆甥，后因何乏嗣，义不忍归，即承何祧。又据族先辈相传，有云吾族本明太祖朱元璋苗裔，因避建文之难，改姓何氏。今考汝川公来潭之年，适与建文遭难时相合，此说亦非无因，姑并存之，俾后世探源索本有以知其所自出云。""我祖汝川公，原姓朱，乃明太祖朱元璋苗裔，因燕王篡位，屠戮宗藩，故从妻改姓何氏。"综合当时的政治事件和历史背景，何先生得出如下结论。金川门事件后，建文大将何福直接策划和组织了救主行动。永乐二年（1404年），何福之弟何禄，携子魁二、魁五与何福季子魁六，祖籍湘潭、原任左军都督顾成之孙顾兴国，战殁鄱阳湖的旗武将军齐成之子、千户齐兴（世界文化名人齐白石宗族之始迁湘潭祖），护送建文帝朱允炆由江西抚州临川来湘潭，护送人的眷属亦在随行之列。朱允炆始藏银塘，先后移居县城东隅之金泥湾和西乡之碧泉，改姓名为何必华，字汝川，娶银塘四甲土著何氏何惠之长女为妻，终年87岁。何先生的考证严密，材料丰富，且有说服力。但是正如毛佩奇先生指出的那样，在永乐后期政治环境有所松动，万历二十三年（1595年），神宗诏复建文年号之后禁忌全无的情况下，为什么锦石何氏不像其他很多死难后裔那样认祖归宗呢？看来这一说法也有他急于面对的问题，但是不管怎么说，此说仍具有相当的可信度。

其五，流落青海说。

这一说以兰州大学历史系博士公维章先生为代表，他从明国《创新渭源县志》卷九"艺文志"中的《五竹寺记》中找到一条资料："建文于夏六月庚申十三日未时，由癸门出，比时愿扈驾车二十二人，节（郭节）其一也。君臣奔窜崎岖，昼伏夜行。历滇南，巴蜀。

建文至乐都瞿昙寺。"而且该文所载的建文君臣出逃的路线跟当时的历史背景极为相符。另据其他史料，瞿昙寺的确与明皇室关系密切。永乐后，明朝的历代帝王更是多赐匾额、修佛堂等。

公维章先生认为，早在南朝刘宋时就已经开通了从南京历滇南、巴蜀、河湟至于阗的所谓"丝绸南道"。"靖难"后，北方道路被封，因此建文君臣南逃并辗转云贵，巴蜀最后落脚西北边陲的河湟地区也是有可能的。

其六，其他。

流亡海外：早在朱棣在位的时候，这一说就在民间流传甚广，在前文论述郑和六下西洋的时候就曾举过《明史》中的两条材料。当时甚至有风言风语，说建文帝准备在海外建立基地，召集亡命，卷土重来。但根据常理分析，朱允炆性格仁弱不大可能会有这种离奇的想法，反过来说，如果他真有这种雄心和魄力，他也不至于会有这种结果。

让氏：近年来有人出示《让氏家谱》说，建文帝后来逃到湖北洪山，并改姓让，名让銮。笔者认为这事颇不足信，试想，当时的政治环境恶劣，朱棣都恨不得掘地三尺找到建文其人，建文本人也是托僧道之名，四处游走，漂泊无依。他怎么还可能改个如此招摇的名字，这不是打肿脸充胖子，酒后驾车拿自己的生命开玩笑又是什么？

云南大理：据王崇武先生的说法，他说在抗日战争时期"大理民家仍有以惠帝为鼻祖者"。姑且存录于此，给后来者留个引子。

尾 巴

历史悠悠千载，多少疑团，多少困惑，以上所列种种，真假莫辨，至于真实的情况是什么，远非三言两语说得清楚。明末清初的文人查继佐有一本很著名的书——《罪惟录》，在书里他开列了有关建文帝谜踪的23种说法。随后他制造了一个经典的反证法案例。他说，

23种说法难道就没有一个是对的吗？他说没有，如果有的话只可能有一个是对的，因为现在有23种说法之多，所以都不对。说实话，我很为他的逻辑推理能力绝倒。他继而指出，当时人心惶惶，五六十个人都一起出逃，怎么就没一个人败露呢？另外，既然鬼门可以跑出去，为什么还要分出一批人走水门？如果皇宫的后门可以走，大家一块儿走后门得了，干吗一批走北门另一批还死活要走水门？第三，当时金川门突然洞开，皇宫一片大乱，大臣进皇宫都很困难，为什么跟随的一批小臣都能够从容地到皇宫去？这些的确都是问题。当时天下大乱，兵荒马乱，人心惶惶，自己还能不能活着看到明天的太阳都还是个未知数，怎么神乐观的道士还有闲心在那儿睡午觉捎带着做个梦，撑个船呢？这个事情可能吗？查继佐列举的疑点远不止这些，但举出这些就已经足够了。因为无论那种说法，不管他如何的言之凿凿，信誓旦旦。都必须回答其他说法为什么是伪说的问题。如果这一问题解决不了，自己说法的可信度自然要大打折扣。

最后我想用六祖惠能的几句偈语做结："菩提本无树，明镜亦非台。本来无一物，何处惹尘埃？"

明朝赈灾第一疏

> 披沙拣金，看明朝人如何赈灾……

民政赈灾历来都是朝廷的要务，但在中国几千年的赈灾史上却鲜有人提出什么真知灼见。说来说去无非都是些"设常平仓"、"减免税粮"之类的老生常谈。此类观点虽言之成理但听多了也难免让人有持之失据之感，格调过于宏大，怎么听怎么像官场套话，敷衍敷衍上级领导，再敷衍敷衍下层百姓，对于真正的赈灾工作到底有多大益处，估计就连提建议的本人心里都没底。不过，在那些浩如烟海的古纸堆中，偶尔也有能让人眼前一亮的赈灾奏疏。

明人沈德符《万历野获编》中记载的嘉靖八年（1529年），广东佥事林希元的《救荒丛言》就是这样的披沙拣金之作。文章立意之高远，见识之卓越，认识之深刻，方法之切实，都堪称此类奏疏中的典范。不单在当时，即使在当下，对于民政救灾工作亦同样有着很好的借鉴意义。

"救荒有二难，曰得人难，审户难；有三便：曰极贫之民便赈米，次贫之民便赈钱，稍贫之民便赈贷；有六急：曰垂死贫民急馆粥，疾病贫民急医药，病起贫民急汤米，已死贫民急葬瘗，遗弃小儿急收养，轻重系囚急宽恤；有三权：曰借官钱以粜籴，兴工作以助赈，贷牛种以通变；有六禁：曰禁侵渔，禁攘盗，禁遏籴，禁抑损，禁宰牛，禁度僧；有三戒：曰戒迟缓，戒拘文，戒遣使。其纲有六：其目有二十三，皆参酌古法，体悉民情。"

对于林希元的这道奏疏，沈德符非常欣赏，他把它称之为荒政第一义，认为古往今来关于民政救灾，再无出其右者。

其实林希元的观点概括起来就是六条，"二难、三便、六急、三权、六禁、三戒"。

"二难和三戒"是总领性的，提纲挈领道出了救荒的两个关键和三个忌讳。其余各条大体上都围绕着这几点展开，对于不同的受灾情况和程度做了不同的预案。其中"三便"侧重于救灾，"六急"偏向于救急，"三权"论述的是灾后重建，"六禁"在灾后重建的同时还增加了一条——保护国有财产。

紧接着，针对自己十二分信服的"得人难"一条，沈德符进一步作了相关阐释。他说，大抵救荒无他法，主要靠上面的领导细心策划，周密布置。处置得当，灾荒并非不可战胜，人民的损失也很容易就能降到最低；但一旦安排失范，天灾后面紧跟着的就是人祸，而且很多时候人祸的恐怖程度要甚于灾荒。各级官员侵吞赈灾资金，中饱私囊，即使事后肇事者受到法律的制裁，"咔嚓"了事，但迟来的正义对于当时正处在水生火热中的伶仃饥民和事后早已被埋进沟壑的孤坟野鬼，到底能有多大意义？估计没人答得上来。在沈德符的印象中，刚好有这样一正一反两个例子。

"甲午（万历二十二年，1594年）河南一赈，到少卿钟化民力居多，二贪令借赈自润，竟置重典，法始得行。若庚寅年（万历十八年，1590年）给事杨文举赈江南，恣意冥行，虽以墨败，而孑遗已填沟壑矣。"

一样的措施而结果迥异，仅此一条，我们就不得不佩服上书言事者林希元的见识。他那道《救荒丛言》被后人激赏为明朝赈灾第一疏，应该也属实至名归，当之无愧。

圆明园被烧的前前后后

> 英法联军火烧圆明园的N个细节。

法国著名作家维埃尔·雨果有一封很著名的信《就英法联军远征中国给巴特勒上尉的信》,感动了很多的中国人,并被选入了中学语文教科书。信中有一段很著名的话:"这是某种令人惊骇而不知名的杰作,在不可名状的晨曦中依稀可见,宛如在欧洲文明的地平线上瞥见亚洲文明的剪影。"

"这"指的正是圆明园。

圆明园始建于清康熙年间,历数代人,是整个中华民族高度智慧的结晶。但不幸的是,1860年英法联军的一把大火点燃了整个大清帝国的裙裾。一个积累了成千上万工匠劳动,一个庞大帝国几乎倾全力打造的顶级艺术园林在顷刻间化为灰烬。那么,我们不禁要问,事情为什么会是这样?

龚 橙

有人说这都因为那个不怎么出名的"汉奸"龚橙。连政府都惹不起的洋人原本是不打算去圆明园的,只是由于时任英法联军翻译官的龚橙极力推荐,洋人才"勉强"一路开进,来到了那个后来令他们目瞪口呆的万园之园。

龚橙何许人也？暂且卖个关子，我们先来说说其父，提起乃父，大家一定会有如雷贯耳之感。其父名自珍，写过《病梅馆记》，也写过"不拘一格降人才"，与林则徐、魏源等人是好友。在近代史上也算是开一代风气的人物，但就是这么一个大知识分子却偏偏有些不入流的毛病——"喜欢跟女人往来"，而且是走到哪祸害到哪。在他任职宗人府主事时，他就祸害了一把自己顶头上司满洲亲贵明善（贝勒爷奕绘）的小老婆顾太清。

后院起火是天下男人的大忌，又不是绣球，任谁都不愿往自己身上揽那些花花绿绿的帽子，于是明善一剂毒药，龚自珍就这么稀里糊涂地死了。

有道是父仇不共戴天。龚橙是龚自珍的独苗，这为父报仇的重任自然就落在了他稚嫩的肩膀上。史书记载，龚橙虽然名气学问不如其父，但行为风范却颇有乃父之风。据说，龚自珍在世时，教子极严，龚橙每有小错，即遭责打。待龚自珍死后，龚橙为乃父整理遗著时，常常立一木主（象征其父）于书桌上，每当读到他认为不正确的地方，便用戒尺击打木主，嘴里道，"爹，您又错了！"

1860年，日夜寻思着为父报仇的龚橙眼见着机会来了。用晚清四大谴责小说之一《孽海花》里影射龚橙的话说就是："庚申之变，我辅佐威妥玛，原想推翻满清，手刃明善的儿孙，虽然不能全达目的，烧了圆明园也算尽了我做儿的一点责任。"

不过《孽海花》终究是小说，其可信成分有多少，没人敢打包票。于是有人站出来替龚橙做了辩护，近人孙静庵就说："人传孝拱（龚橙）于英焚烧圆明园事，为之谋主，海内群指为汉奸。岂知当时英人欲径攻京城，孝拱力止之，言圆明园珍物山积，中国精华之所萃，毁此亦可以偿所忿矣。是保全都城，孝拱与有功焉。"（《栖霞阁野乘》）按这个说法，龚橙非但无过反倒是有功了，孰真孰假，难以分辨。

烧园之后

除此之外，就连洋人的表现也有不同记载。近人王湘绮在他的《圆明园宫词》小注中有这么一段话："京师即陷，文宗（咸丰）北狩，于是园中大乱，始则小民与官宦争夺之，其后英法大掠之。有谓，夷人入京，遂至园宫，见陈设巨丽，相戒勿入，云，恐以失物索价也。乃夷人出，而贵族穷者，倡率奸民，假以夷民，遂先纵火。夷人还而大掠。"黄浚在他的名作《花随人圣庵摭忆》中也说："是焚圆明园之祸首，非为英法联军，乃谓海淀一带之穷旗人。"王湘绮、黄浚都是近代史上有名的文人，颇精于晚清掌故，应该说他们的话不一定就是向壁虚构，空穴来风。

《花随人圣庵摭忆》还说，在圆明园被掠期间，"贝子绵勋带兵一千名赴圆明园弹压，愿往者不过二百余名，土匪闻知即勾结夷人带队来扑，绵勋众寡不敌，几为所获"。照这个逻辑，英法联军即使铁定了是烧园的罪魁，那么那些参与打劫的国人无论如何也逃脱不了帮凶的嫌疑。火烧圆明园，英法是大恶，参与抢劫的旗人、土匪，甚至农户难道就一定是小善？

不过烧归烧，当时圆明园剩下的也并非就是大水法的那几根石柱，至少在1895年，康有为游园时还是有相当一些遗迹存在的。"虽蔓草断砾，荒凉满目，而寿山福海，尚有无数亭殿……竟日仅能游其一角。"（《法兰西游记》）但1900年，随着义和团起事，八国联军蜂拥而入，"园内的官员、太监和驻军乘机勾结了园外的流氓痞棍，又对圆明园进行了最后的洗劫，及至清王朝覆灭之时，当年花遮柳护的琼楼玉宇已化作一片荒凉的残垣断壁。"（《清代档案史料<圆明

园·序>》）紧接着风雨飘摇了几十年的清政府垮台，北洋当政，军阀混战，主要领导人走马灯似地换了一拨又一拨。政局的持续动荡，没有人有心思来多关心关心那一堆残垣断壁。园中曾经花了大价钱移植的名贵古木被烧成了取暖的木炭，雕梁画栋的石头被当成了现成的建筑材料。徐世昌拆走了鸣春园和镜春园的木材。王怀庆来晚了，就把安佑宫的大墙以及西洋楼的石料运了几大车。等到抗日战争，北平沦陷期间，由于缺粮，大批饥民开始陆续跑到园中围湖造田。曾经风光无限的顶级园林居然一下子变得十里飘香，面目全非了。

烧园之前

圆明园被烧，很大一部分责任在于英法联军这自不用说，但是一味的责怪洋人而忽视自己的毛病却也算不上是多么正常的心态。英法联军放火烧园，还劫走了我们祖先营造的财富，虏我妻儿，杀我同胞，这都是不容置喙的事实。但是在收获愤懑之外，我们是不是也应该心平气和地静下心来想想，想想我们自己的一言一行，我们究竟有没有过失？

让我们把目光向前，众所周知，1860年的第二次鸦片战争起源于英法的换约要求，在他们是扩大利益，在顽固的大清国，这是耻辱！

抱着这样的心态是没法真正谈判的，事实确实如此。通州谈判中，那个一度令国人十分自豪的僧格林沁就蛮横地扣押了参与谈判的英方代表20余人，而且据说其中19人后来更是被中方凌辱至死。（《帝国的回忆<纽约时报>晚清观察记》）这实在是有违国际公约，令人大跌眼镜。于是，"英法联军借口战俘被虐待，要求赔偿抚恤金五十万两，若不允，则放火烧园"。经过紧急磋商，"恭亲王回复照会，允其所请，但被传送回复的守备私下毁弃，该守备另外捏造了一洋文收条回营交差，致使联军空自等候了三天，其首领大怒之下，遂下令纵火烧园"。(《庚申英夷入寇大变记略》)如果这是事实,那个抱着一腔爱国热忱私毁回复的守备究竟是英雄还是罪人?

不容否认,《帝国的回忆》是一本站在洋人立场上写就的史书,其中有很多有悖于我们惯常思维的地方,但正是这种不同的思维方式给我们提供了一面观察自己的镜子。

在《帝国的回忆》中处处可见参加烧园的英法士兵对自己心情的描述:"对圆明园内部彻底的破坏,只不过是对大清国皇帝桀骜不恭以及清国人对待战俘方式的一个小小的惩罚","由于战俘们受到了清国人残暴的对待,我们对清国人的憎恶之情真是太强烈了"。很难说这样的心情完全是出于虚构,当然也不排除英法联军为鼓舞士气,为了让自己放火烧园能稍微名正言顺一点而故意做的宣传。但无论如何,僧格林沁扣押对方谈判人员却是正史记载的事实。

晚清著名外交家,像龚橙一样曾经被称作"汉奸"的郭嵩焘在论述近代中国的外交时有一段很精辟的话:"吾尝谓中国之于夷人,可以明目张胆与之划定章程,而中国一味怕。夷人断不可欺,而中国一味诈;中国尽多事,夷人尽强,一切以理自处,杜其横流之萌,而不可稍撄其怒,而中国一味蛮;彼有情可以揣度,有理可以制伏,而中国一味蠢,真乃无可奈何。"

近代中国留存在国人大脑里的通常只是苦难和屈辱,我们的教科书涂满了血泪,我们常常由衷地痛恨那些侵略者。诚然敌人是有过错的,但我们在诅咒他们的同时,是否也应该做好扪心自问的工作。责任从来都是双方的,这世上永远没有一厢情愿的事。历史悠悠千古,当圆明园的大火熄灭一个多世纪以后,当我们静下心来,愤懑之外,似乎还有别的更重要的东西需要我们去面对和总结。

科举废除之后

> 读了几十年书,国家不再考录人才了,身细肤白,力不能缚鸡的读书人如何生存?

一

1905年9月2日,对于千千万万的中国人,这很可能只是无数平常日子中平常得不能再平常的一天,但是对于那些从小就头悬梁、锥刺股的读书人,这却是一个永生难忘的日子。因为这一天清廷采纳了汉人重臣袁世凯和张之洞的建议——废除科举。

这道看似简单的决议一下子在读书人中间炸开了锅,实行了一千多年的开科取士在这里戛然而止,那些手无缚鸡之力的读书人被无情地推到了时代的风口浪尖,原本打算固守终身的学而优则仕的人生理念突然不再清晰,何去何从瞬间成了所有读书人都必须正视的问题。

传统观念里,中国一直是一个四民社会,"士农工商"各司其职。"士"作为金字塔的尖顶,对所有人都有着天然的吸引力。而读书参加科举选拔考试无疑是爬上这个尖顶的不二法门。所以在人群里我们经常可以听到对于读书人的夸赞,比如,书香门弟。这确实是一句不错的赞词,但现在一切都变了,学而优则仕成了古纸堆里的一个名词，失去了生命力，仿佛窗台上的干花，华丽的外表下隐藏着的不过是一堆塑料的枝梗。

我们不得不承认，越到封建王朝的尾巴，科举制度的弊端越发明显，虽然它曾经发挥过无限的光和热，但时过境迁，如今只要不是瞎子都明白废除科举早已是铁板钉钉的事实。现在朝廷大员，贵族王公们整天开会讨论的不再是废与不废，而是什么时候废，该如何废。

经过磋商，清廷内部逐步达成两套方案。一套是渐进变通式。从1901~1902年湖广总督张之洞、两江总督刘坤一曾先后向清廷递交了一批被史学家称为"江汉三奏"的折子。在折子里，他们主张对科举制进行逐步改革。即从废除八股文，建立新式学堂开始，然后循序渐进，直到最终达到以新代旧的目的。

这是一套以最小付出博取最大收益的方案，清廷慎重考虑之后接受了他们的思路。1901年7月，清廷下令各地乡会试等均改试策论，不再采用八股文程式，并停止武科考试。1902年，张之洞更是在此基础上提出十年内逐步废除科举的构想。按照他的想法，从是年起，每科取士名额递减，分三科减尽，十年之后，不再设有科举，一律从学堂取士。但这套方案并没有取得预期的效果，随着局势的变动，科举改革已经刻不容缓。所以，不久之后清廷又提出了第二套方案——激进革命式。这一套方案的主要拥护者是袁世凯和端方。他们认为，当时的环境已经不容许再采取什么渐进的改革方式了，科举一日不停，新学一日不兴。因为只要大家对科举还心存侥幸，那么就没有人会专心致志地砥砺新学。而当时的情况确实如此，公家因财力有限，不可能马上普及学堂，而民间私立学堂又极少。因此，如继续采取渐进的方式，则中国不知道要到猴年马月才能完成新旧交替。而眼下又急需大量新学人才，所以赶鸭子上架，他们主张先破后立，只有废除科举，替新学扫清前进路上的障碍，新学才能更快更好地发展。

应该说，袁世凯和端方的看法也不是没有道理。问题是，破可以顷刻而就，但立却不是说立就能立得起来的。一种制度的结束并不一定就意味另一种制度的新生，这中间还有很多路要走。现在的局面旧的被破坏殆尽而新的又不可能一蹴而就，坏的坏得很彻底，新的还看不见踪影。上不着天，下不着地，无数的读书人一下子被撂在了半路上。何去何从？年轻的或许可以进学堂，有钱的或许还能出国喝两年洋墨水。回来小辫子一盘就成了新式的口岸知识分子。但是对于那些年纪一大把，为了四书五经已经耗费了大半生精力，就指望着时来运转，博个功名能封妻荫子的人来说，这个打击无疑是相当巨大的，以至于很多人在一夜之间面目全非。山西举人刘大鹏发现科举废除后许多读书人因此失去前途，又"无他业可为，竟有仰屋而叹无米为炊者"。一直到了民国，这种情况还依然存在。国民党元老于右任有一次不无抱怨地对冯玉祥说："在中国，只有在要做对联、祭文、通电时，才想到文人，平时哪个把他们瞧在眼里。"寥寥数语，道尽了科举废除后知识分子的尴尬与无奈。

传统社会结构的瓦解让读书人普遍失去了进取的途径，那些手无缚鸡之力的饱学之士干不了扶犁锄地的活计，有点家业的或许还能够守着祖产过活，没有家业的甚至连生活都成了问题，个别的还能投亲靠友，蹭一碗饭吃。而更多的只能凭着自己的那点学问，凭着手中的笔去开启人生的下一把枷锁。

二

拿笔讨生活真的就那么容易么？中国现代报业发端于19世纪下半叶，在最初的日子里，报业几乎就是清贫的代名词。

大诗人袁枚曾当过县令，他的孙子袁祖志在最初堕入报界时酸楚异常，陈伯熙的《上海轶事大观》里有一段提到他当时的窘境："（袁祖志）寓沪时赤贫如洗，庭筠里有《国华报》者，慕其名延为主笔，出版仅月余即停刊。未几入《新闻报》馆担任论文，月薪仅20元，会当夏令，求一布大褂而不可得，常在马路中仅著一布短衫，手执大芭蕉扇，摇曳以行，饭则恒至小饭店就食。"晚清谴责小说的代表作家，从事报业的李伯元、吴趼人也是一生穷困，从事报业之余还得经常写些小说混生活，即使这样，也常常是入不敷出，债台高筑。据载："某岁，伯元大窘困，除夕，索逋者接踵而至，伯元则与友踽匿小楼，饮酒联句达旦。"吴趼人死后更是只有银元两个，不能成殓，全仗友人捐助才算入土为安。

那时候，报业远没有今天这样风光，从事报业对很多人来说只是走投无路时的无奈之举。左宗棠说，"江浙无赖文人，以报馆为末路"；梁启超也说，"从事斯业之人，思想浅陋，学识迂腐，才力薄弱，无思易天下之心，无自张其军之力"。担任过《申报》主笔的雷瑨在1922年写过一篇纪念《申报》建馆五十年的文章，摘抄如下："彼时朝野清平，海隅无事。政界中人咸雍揄扬，润色鸿业，为博取富贵功名之计，对于报纸既不尊崇，亦不忌嫉。而全国社会优秀分子，大都醉心科举，无人肯从事于新闻事业，惟落拓文人，疏狂学子，或借报纸以发抒其抑郁无聊之意兴，各埠访员人格尤鲜高贵。所拣拾报告者，大率里巷琐闻，无关宏旨。国家大政事大计划，微论无从探访，即得之，亦决不敢形诸笔墨。……任笔政者，惟以省事为要诀。而其总原因由于全国上下皆无政治思想，无世界眼光，以为报纸不过为洋商一种营业，与吾初无若何之关系。"在如此心理的影响下，读书人念念不忘功名也是自然而然的事。"尝主《申报》笔政"的韩邦庆甚至于离世前三年，仍然"应试北闱"；《申报》的另一位总主笔黄协埙也是"身在曹营心在汉"，每考必到，每到必考，落第后又重回报馆。即使在担任《申报》总主笔后，还常以"恭读某月某日懿旨或上

谕注其后"为题撰写评论。

但随着经济发展和民智的开启，到20世纪初，这一状况开始有所改观，报业在人们生活中的地位变得日益重要。清末民初有名的报人包天笑就生活优裕，事业一帆风顺。1905年在《时报》供职时期，月薪80元，再加上兼职《小说林》的40元，每月固定收入120元，有时在别处写小说编杂志甚至可两倍于薪水，而其全家费用每月至多不过五六十元，这样下来，结余了至少一半，过得也算滋润。当然这并非个案，与包天笑同样供职于《时报》的陈景韩收入也与包不相上下。

更令报人们感到欣慰的恐怕还是职业地位的提高。曾执笔广州《人权报》的陈耿夫在谈及往日风光时经常得意地说："洞神坊及十八甫等处各商户，无不识吾姓名。每外出商户及路人多啧啧相指，谓此即某报记者陈某，云云。"清末两广总督张鸣歧上任伊始，就"大宴记者"，对这些原先被满清官僚视为"斯文败类"的记者极力笼络。

在这样的大环境下，就连很多科举高中，功名在身的人也开始涉足报业，黄远生即是其中一例。1885年出生的黄远生可谓科举制度下的幸运儿，从1903~1904年，18岁的黄远山赶在科举废除之前连中三榜，名声大噪。中进士后黄远生"以知县即用，分发河南"，但他无意仕途，再三申请后被批准赴日留学。民国建立后，黄远生不当官，不作议员，只任《申报》、《时报》驻京记者，他为文"横肆锋利，辞兼庄谐，尤工通讯"。最后甚至把"远生通讯"成功打造为当年中国新闻界的一大品牌。

不仅如此，此时报业的生存环境也逐渐好转。近代以来的都市化运动造就了大批市民，他们有稳定的收入，固定的闲暇，他们有精神需求，有消费能力，一个新兴的文化市场蔚然形成。西方经济学家说，市场是一只看不见的手，这只手推动着资源的有效分配，源源不断的人才开始流向当时正在发展的新闻出版业。

三

海上名士郑逸梅先生曾写过一篇文章专门介绍《申报》主笔蔡尔康的名片。蔡尔康，1851年生，江苏嘉定县（今属上海市）人，早年因避战祸，从嘉定县南翔迁住南汇县境，最后在上海市内定居。清同治七年（1868年），17岁时即高中秀才，后屡试未中，无奈之下只好进入《申报》馆工作。清廷废除科举后，这位老先生更是对功名一事失望透顶，未能高中也成为了他心中永远的结。在向别人出示的名片中，他不厌其烦地罗列着诸多头衔："四品衔分部主事奏保经济特科、六举优行恩贡生、历办《申报》副主笔、《沪报》总主笔、《新闻报》开创正主笔、《南洋官报》采访委员、历掌《万国公报》广学会正翻译。"

在这一大串让人眼花缭乱的名头中，为首的就是两个功名，只不过都不是什么正儿八经的功名，一个特科，一个恩科。花点钱捐点银子就能到手的东西自然在严肃的读书人那里上不了台面，但蔡尔康还是很得意地拿出来炫耀了，毕竟不管特科、恩科，能够到手就是好科。

不单是蔡尔康，民国时期的很多著名报人对于科举也是屡败屡战，屡战屡败，有"民国第一记者"之称的邵飘萍早年就曾是科举场中的常客，其父邵桂林是一旧式文人，对儿子的家教极严，在父亲严厉的督导下，年幼的邵飘萍很早就开始接触八股文，稍长后更是苦读四书五经，家里也指望着这个聪慧的儿子能够光宗耀祖。邵飘萍没有辜负父母的期望，13岁便考中秀才，但之后却屡试未第。本来就对科举没什么好感的邵飘萍这时对科举更是失望至极。当清廷1905年宣布废停科举后，年纪尚轻的邵飘萍进入了新式学堂——浙江高等学堂。在校期间他开始为《申报》撰稿，并被聘为该报特约通讯员。1911年他满怀激情来到杭州，并被筹组《汉民日报》的杭辛斋聘为主笔，正式进入报业。1918年10月,他更是创办了日后让他名扬天下的《京报》,并自任社长。

与邵飘萍齐名的民国另一报人林白水,幼承家学,又拜名士高啸桐为师。家中对他期望甚高,他也胡乱地参加过几场考试,据说还曾高中过举人,不过这些都不是他的兴趣所在。科举废除后,他才得以专心学习自己喜欢的新学,并终于成为一代杰出报人的代表。

与黄远生、邵飘萍一道,被称为民国"报界三杰"的徐凌霄出身于官宦世家,其父兄辈借助科举的东风出了很多有名的读书人,其伯父徐致靖,官至礼部右侍郎,堂兄徐仁铸官至湖南学政,另一个堂兄徐仁镜,则官至翰林院编修。徐凌霄从小识字,对四书五经耳濡目染。对于他来说,他的目标和榜样就是他的父兄。不过这是传统看法,当科举美梦还没有破碎的时候,这很可能是一条不愿意但又不得不走的路。但现在科举不在了,近代以来各方汹涌而来的新鲜事物和多变的局势正在不知不觉中影响着这一代人。

徐凌霄早年就读于济南山东高等学堂,这是一所国学、外语、自然科学知识并重,半新半旧的学堂。学校的毕业生如果能通过学部举行的考试,还能像模像样地混个举人出身。但是废除科举后,功名不再是人人都争着抢着要的香饽饽。失去了诱惑的徐凌霄见当时世风日下,国运不济,萌发了给报纸写稿的念头,从此一发不可收拾,又因其文笔流畅,叙事详尽,精通典故,一出道便引起了报界的广泛关注,后来他也没再干过其他营生,一生就靠着一支笔维持着,并逐渐维持出了民国"报界三杰"之一的名声。

除进学堂外,另外一些人在废除科举后选择了出洋留学,像《大公报》最有名的两个报人张季鸾和胡政之,他们甚至联手开创了所谓的"《大公报》时代"。

张季鸾曾被人称为报界模范,1905年废除科举后,他官费留学日本，并任《夏声》杂志编辑，从此走上"言论救国"的道路。胡政之则选择了在1907年私费留学日本。

曾倡言"国有国格，人有人格，报有报格"的著名报人史量才，最初打算走的也是科举老路。因为他是他父亲中年所得，所以父亲打小就对他宠爱有加，并寄予厚望。史量才1899年去松江府娄县应考，中了秀才。后来在戊戌变法的影响下，逐渐对科举失去兴趣，科举废除后，更是专心从事新闻事业，对近代新闻事业贡献尤大。

科举的废除无疑对中国近现代报业的发展起到了推波助澜的作用。在报业最需要人才的时候，科举义无反顾地退出了对人才的争夺，报业一下子也从相对弱势变得十分强势。

到了民国时期，经过一代代报人的努力，各大报社的主笔和名记们不仅已为社会大众所接受，也越来越引起了当局的重视。他们可以堂而皇之地出入于总统、内阁总理、各部总长、政界要人之间。北洋政府时期国务院还特地设立了新闻记者接待制度，每天下午二时至四时由国务院秘书长负责亲自接待记者。从此，报纸的从业者们也逐渐成为了今天的"无冕之王"。

第五篇

余韵风流

　　古人风流，甚于今人，琴棋书画，立身行事几乎每一样都有着说不尽的韵致。

幽远的古琴

> 所有乐器中,最文人气的莫过于古琴。

琴弦琴诗

2003年11月7日,古琴正式被联合国教科文组织列为世界第二批"人类口头和非物质遗产"。消息传来,欢声雷动,于是北京某主管部门瞄准时机,打算借此机会在人民大会堂举行一个"盛世古琴大演奏"之类的晚会,以示庆祝。结果,通知传达下去,反应者寥寥无几!不单社会上的知名琴家大摇其头,就连懂点古琴知识的学者先生们也直呼荒谬!

在有着悠久历史的中国,古琴应该算是一件有着同样悠久历史的乐器,最早的琴甚至可以追溯到半信史时代的神龙伏羲氏。据东汉著名音乐家桓谭在《新论》中的记载:"神农之琴以纯丝为弦,刻桐木为琴。"也就是说,这最初的琴是神农氏用桐木和蚕丝做成的。只是这种琴跟现在我们所见到的七弦古琴不太一样,因为它只有五根弦。不过这五弦之数内合金、木、水、火、土,外合宫、商、角、徵、羽,也是相当有讲究的。

商纣末年,擅长抚琴的西伯侯姬昌困在羑里,因思念其子伯邑考,于是加弦一根,这根弦被后人称为文弦,而后他的另一个儿子伐纣的武王姬发,又加弦一根,是为武弦。文武两根新弦加上原来的旧弦,就成了今天我们常见的古琴式样。

现存的第一把古琴是1978年跟着著名的战国铜编钟在湖北随州曾侯乙墓出土的。但考究到文献上,这却算不上最早。在传为孔子整理的上古文献《尚书》中就有"舜弹五弦之琴,歌南国之诗,而天下治"的句子,另外孔子编撰的另一书《诗经》中我们也能看到所谓的"窈窕淑女,琴瑟友之"。而且据相关资料,孔子本人就是一个古琴高手,无论是受困于陈蔡之间还是讲学于杏坛之上,孔子都始终弦歌不缀。在孔门高徒中,能抚琴的也不乏其人。再到后世,琴对于文人雅士几乎就是一种生活的必需,而且能弹琴在时人眼里就不再是凡夫俗子。三国的"曲有误,周郎顾",东晋的伯牙子期高山流水甚至那个临刑时号称广陵绝响的嵇康都被当时后世公认为高人。

古琴最为繁荣的时期是唐朝,跟着大唐盛世一起到来的除了古琴还有琴诗。随便翻开一本薄薄的唐诗选本,听琴弹琴的诗歌俯拾皆是。

王维一个人的时候喜欢"独坐幽篁里,弹琴复长啸"。在西蜀有人也曾为李白一挥手,"如听万壑松"。一次孟浩然跟好友相聚四处尽是徜徉的琴声,"一杯弹一曲,不觉夕阳沉",而白居易则更喜欢在夜深人静的时候,"自弄还自罢,亦不要人听",他弹的更多是一种感觉。

可以说在这件简单的乐器身上,中国的传统文人几乎倾注了全部的心血,他们把自身的意趣和理想寄托在这件简单的乐器身上,一挥手,一弄弦,汩汩流动的除了音符之外,还有一个人的格调和境界。唐末五代之际的刘藉在他《琴议篇》中对此有着精彩的论述:"美而不艳,哀而不伤,质而能文,辨而不诈,温润调畅,清迥幽奇,忞韵曲折，立声孤秀。"这似乎就是文人全部的品质。

琴人琴事

在所有的琴人中最具代表性的恐怕还是东晋戴逵戴勃父子。戴逵能弹琴，武陵王司马晞久仰其大名，于是想在某次宴会时请他来王府演奏，但戴逵素来厌恶司马晞的为人，不愿前往。紧接着不甘心的司马晞又派了戴逵的一个朋友充当说客，并附上厚礼一份。谁知就这份厚礼让戴逵如坐针毡，感觉受了天大的侮辱，当即把琴摔碎并说出了"不为王者伶人"的金石之言。儿子戴勃脾气跟老父差不多，中书舍人王绥登门求弹一曲的时候，戴勃正在喝粥，听到王绥的请求，戴勃沉默不应，一直到把整碗豆粥喝了个底朝天。

知晓古琴的人都明白，这琴一弹便俗。如果真的非弹不可那就要做到"坐必正，视必端，听必专，意必敬，气必肃"。《红楼梦》第八十六回，当宝玉得知黛玉会弹琴时，便要求这个有着忧郁气质的妹妹为自己演奏一曲。这时只听黛玉说到："若要抚琴，必择静室高斋，或在层楼的上头，在林石的里面，或是山巅上，或是水涯上。再遇着那天地清和的时候，风清月朗，焚香静坐，心不外想。"又说："若必要抚琴，先须衣冠整齐，或鹤氅，或深衣，要如古人的像表，那才能称圣人之器，然后盥了手，焚上香。"明人胡文焕更是在自己的传世之作《文会堂琴谱》里，总结了五种不能弹的情况："疾风甚雨不弹；于喧闹、凡俗、噪杂之尘市不弹；对市井粗俗、不解雅趣、难体琴道之人不弹；气神不定之时不弹；衣冠不整不弹。"

说到这里，不用解释，或许你已经明白了当初为什么会有那么多的行家对相关部门的提议嗤之以鼻了吧。

名士风流唐伯虎

> 唐伯虎,文人才子,诗书画印样样精通,但让他名头大震的除了他的才艺还有他那或真或假的风流。

"桃花坞里桃花庵,桃花庵下桃花仙。桃花仙人种桃树,又摘桃花换酒钱。酒醒只在花前坐,酒醉还来花下眠。半醒半醉日复日,花落花开年复年。但愿老死花酒间,不愿鞠躬车马前。车尘马足富者趣,酒盏花枝贫者缘。若将富贵比贫者,一在平地一在天。若将贫贱比车马,你得驱驰我得闲。别人笑我太疯癫,我笑他人看不穿。不见五陵豪杰墓,无花无酒锄作田。"

这首题为《桃花庵歌》的诗是明代著名大才子唐寅的得意之作,全诗在透露唐寅的为人和性格的同时,也间接传达了他并不顺达的人生。唐寅初字伯虎,后更字子畏,号桃花庵主、逃禅仙吏、鲁国唐生、六如居士等。生于明成化六年(1470年)二月初四,卒于明嘉靖二年(1523年)十月初二,享年五十四岁。

应该说中国历史上的名士很多,但名头大到唐寅这样妇孺皆知的却不多见。无论是在其本人生活的成化、弘治朝还是稍后冯梦龙、沈德符生活的万历朝,就是到现在,唐寅的故事也一直是寻常百姓津津乐道的话题。其事迹不仅正史有载，同时散见于诸野史笔记，甚至还被人专门敷衍成文学作品，如小说《唐解元一笑姻缘》，评弹《三笑姻缘》等广为流传。近几年更是被人改编成电影《唐伯虎点秋香》搬上荧幕，经过香港影星周星驰的一番精彩演绎，其风流才子形象更是深入人心。那么，在这些圆润饱满、棱角分明的唐寅形象中又有几分是真正的伯虎本色呢？

龙虎榜中名第一

几乎所有的人都说唐寅是个人才，我觉得唐寅更应该被归入天才。他不仅被后人授予"诗书画三绝"的荣誉称号，而且就连陈腐迂烂的八股文章也是做得有板有眼，手到擒来。清人俞长城在评价其八股文时说："方严正洁，近于老师宿儒。"（《制义丛话卷四·引》）唐伯虎少年谨遵父命，诵读四书五经。11岁时，就名声在外，16岁牛刀小试，名列秀才考试第一。按理说，照这个趋势发展，这小孩前途不可限量，但由于自身性格和当时江南一带风气的原因，唐伯虎并没有像大多数的读书人一样走科举的老路，相反，他放浪形骸，终日游乐，不以科举为事。后来好友祝允明实在看不下去再三规劝，唐寅才有所收敛闭门读书，操起八股旧业。

次年，29岁的唐寅不负众望，中应天府乡试第一，拔得解元头筹，名声大震！祝允明在回忆他少年往事的时候说："（唐寅）数岁能为科举文字，童髫中科第，一日，四海惊称之。……戊午试应天府，录为第一人。"两次第一，唐寅天分可见一斑！《唐伯虎全集·序》称，他"尤工四六文，藻思丽逸，翩翩有奇气"，除此之外，唐寅也绝对对得起他那个"诗书画三绝"的荣誉称号。论诗，他有《唐寅诗集》鸣世，文章开头引用的《桃花庵歌》更是令人绝倒！祝允明在评价其诗时说，"其诗初喜秾丽，既又仿白氏，务达情性而语终璀璨，佳者多与古合"，应该说评价是相当高的。论书，他师承元人赵孟頫，其书法作品俊迈逸群，极见功力！传世的《落花诗帖》笔走龙蛇，轻灵飘逸，行云流水，一如其人，率性而为，不拘一格，浑然天成。论画，他更是名重当时、影响深远，他与沈周、文徵明、仇英合称"吴门四家"，是影响中国绘画史一百五十多年的吴门画派的领军人物！唐寅早年曾向职业画师周臣学画，继承了宋代院体画派的风格，笔调细腻，但他又以"胸中多数百卷书"而有出蓝之誉，以至于在他鼎盛之时，竟请老师周臣代笔。姜邵书在《无声诗史》中说："及六如以画名世，或懒于酬应，每请东村（周臣）代笔。"同时，他在吸收了元人水墨浅绛画法的基础上创造出了以院体工细为主，而兼文人画笔墨的独特风格，被人称为"远攻李唐，足任偏师；近交沈周，可当半席"。明人王稚登称赞其绘画："士流之雅作，绘事之妙诣！"在画的题材方面，唐寅也完全一副超凡的模样，山水、花鸟、人物无所不工，其所画的仕女人物历来评价很高，甚至有专家称，古往今来无能出其右者。另据小道消息，他还是我国古代第一位也是唯一一位画过女人裸体的画家，不知是真是假。此外，他还能作曲，其所作之曲多采用江南民谣的风格，被人称为有《诗经》、《乐府》遗韵。早在青年时代，他的才名就享誉吴中（今江南）一带，与文征明、祝允明、徐祯卿并称"吴中四大才子"。

  但就是这么一位多才多艺，名重一时的大才子，其仕宦之路却并不太平。唐寅虽然出生世家，但到其父唐广德时家道早已中落，父亲在乡里靠开一个小酒馆维持一家人的生计，日子过得紧巴却不失温馨。唐寅就在这样的家教氛围中长大，父亲唐广德并没有因为生活的拮据而放松对唐寅的教育，相反，他把自己人生未能实现的理想都寄托在年幼的唐寅身上，"将用子畏起家，致举业师教子畏"。懂事的唐寅没有辜负父亲的期望，奋发图强，年纪轻轻就名声在外，16岁参加童子试高中第一，读书读到"不识门外街陌"，"不或友一人"，那叫一个用功，比废寝忘食还废寝忘食！但同时他性格中顽皮、落拓不羁的一面也并没有因为这而完全压抑。据清唐仲勉《六如居士外集》卷一《遗事》记载，唐寅小的时候有一次和伙伴们出游，大伙看见一堵墙的后面有个大果园，当时正是果子成熟的季节，小伙伴们嘴馋，都想吃果子，唐寅自告奋勇率先翻墙而入，没想到，墙里居然有个大粪池，掉进粪池里的唐寅并没有像一般小孩那样马上大声叫嚷，而是静静地呆着，直到墙外的小伙伴以为他一个人在里面吃独食，纷纷翻墙进来，落进粪池！

告别了童年和青年短暂的欢乐时光，27岁那年唐寅迎来了人生的第一个低谷，先是父亲病逝，接着是妻儿离世，没多久母亲也因悲伤过度撒手归西。一年之内，七口之家只剩下唐寅兄妹三人。第二年春天，唐寅做主把待字闺中的妹妹远嫁他乡，不久一条噩耗传来，妹妹在婆家自杀身亡。在如此短的时间内，突然遭遇如此多的变故，唐寅像过韶关一夜愁白了头的伍子胥一般，"清朝揽明镜，元首有发丝"。（唐寅《白发诗》）失意！凋零！其心中的苦闷彷徨可想而知。他终日饮酒，企图借助酒精的力量来战胜无边的哀愁，但每一次酒醒之后他又必须重新面对这个几欲崩裂的世界，捡拾起来的是更深的痛苦和失落。

时间，时间是一剂良药。一段时间后，经过好朋友祝允明耐心的开导，唐寅重拾起人生的信念，决定秉承先父遗志，发奋读书，托起整个家业。天才终究还是天才，仅仅一年之后即弘治十一年（1498年）唐寅参加应天府戊午科乡试，29岁的他高中第一（解元）。《<唐伯虎全集>序》称："比试，故大学士梁公储，读其文惊叹，以为异材，遂荐第一；由是声称籍甚。"这时的唐寅踌躇满志，暂时从亲人离世、家道中落的阴影中走了出来。"会试礼部，众谓伯虎复当首选，伯虎亦自负。"(《<唐伯虎全集>序》)在高中应天府第一后,唐寅写了三首表露心迹的诗,题为《咏鸡诗,题金鸡报晓图》。

其一

武距文冠五色翎,一声啼散满天星;

铜壶玉漏金门下,多少王侯勒马听。

其二

头上红冠不用裁,满身雪白走将来;

平生不敢轻言语,一叫千门万户开。

其三

血染冠头锦做翎,昂昂气象羽毛新;

大明门外朝天客,立马先听第一声。

句句气势如虹,首首斗志昂扬,一扫往日阴霾,大有舍我其谁之势,在其另一首写给应天府乡试主考官梁储的诗中,唐寅更是毫不掩饰地把诗题为《七律诗赠恩师梁储以表夺魁之志》。但世事难料,"祸兮福之所依,福兮祸之所伏"。这个秋天唐寅收获了鲜花和微笑,下个秋天等待他的并不永远是掌声和欢呼!

进京会试途中,唐寅结识了同行的江阴巨富之子徐经,徐出身豪门,家财累至巨万,花钱如流水。平时也一副纨绔子弟的派头,就连进京赶考都不忘带六名戏子同行。到了京城,更是不好好看书,整天宴会不断,用银子开路,奔走于官绅显贵之间,这些人大多是些能够攀上点关系的同乡前辈,如吴宽、梁储等,但后来对唐寅命运有直接影响的却是一个叫程敏政的礼部侍郎。徐经和唐寅一个才大气粗,一个年少轻狂,经常骑着高头大马在大街上溜达,这些事在同为进京赶考的士子中产生了很坏的反响,一时天下士子尽以此二人为公敌。

朝廷上也有人对他们的做法不满,觉得此二人行事过于招摇,且行为不够检点,这些看似无关痛痒的小节其实为二人此后的人生道路埋下了不可挽回的祸根。第二年会试，题目出得十分生僻，很多士子答不上来，而其中独独有两张试卷不仅答得贴切而且文辞优雅，阅卷官之一的程敏政不经意地说，这两张卷子拿脚后跟想都知道肯定是徐经和唐寅的。程敏政这话不说不要紧，一说出来就几乎要了很多人的吃饭的家伙。记得在一本书里看到某朝后辈问前辈为官保身之道，前辈只微笑着说了六个字"多磕头，少奏事"，可谓智者之言。

　　本来徐经和唐寅在缙绅间游走的事就遭到很多人出于各种目的的嫉恨和非议，现在恰恰他们游走对象之一的程敏政没来由地说出这么一句不高不低的话来，也就难怪广大士子要有所联想了。特别是在程敏政被钦定为主考官之后，唐寅还高调到请程敏政为自己一本新写的诗集作了序，于是整个事情变得更加微妙。第一个起来发难的是一个叫华昶的给事中，他在给孝宗皇帝的奏疏中说，程敏政收受了徐经的贿赂并把试题泄给了徐、唐二人，而且程敏政早已内定了徐、唐二人为本科的会元和亚元了。墙倒众人推，接着又有一批人纷纷上奏，说泄题事件在广大的士子中影响非常不好，朝廷如不严查并对相关责任人进行严厉惩处，恐怕众怒难平，冷了天下苍生的心。孝宗皇帝一怒之下把徐、唐二人投入监牢，并下令另一主考官大学士李东阳复阅程敏政阅过的所有试卷。事后查明，当初程敏政所指的那两张用脚后跟都能想出来的试卷并非徐经和唐寅的。但这个时候，徐经吃不住衙门的板子已经招认了用一块银子买通程敏政家童的所谓"事实"，唐寅见他已经把话说死，自己再多说什么都是徒劳，只不过多受点皮肉之苦而已，遂"同讯于廷，富子既承，子畏不复辩，于同罪"。但后来徐经又推翻以前的供词，说是屈打成招。最后朝廷查实，华昶所奏非实，诋毁大臣，调任南京太仆寺。受尽委屈并差点掉了脑袋的程敏政出狱后依旧愤懑不平，咽不下这口恶气，最后发痈而死。唐寅则"黜掾于浙藩"被发配到浙江为吏，"寅耻不就"。后来在文征明等人的帮助周旋下，他才被取消了吏名。这一场凭空而起的科考案对唐寅的触动很大，他在给好友文征明的信中这样描述了当时的情景："至于天子震赫，召捕诏狱。身贵三木，卒吏如虎，举头抢地，涕泗横集，而后昆山焚如，玉石皆毁；下流难处，众恶所归。缋丝成网罗，狼众乃食人，马氂切白玉，三言变慈母。海内遂以寅为不齿之士，握拳张胆，若赴仇敌。知与不知，毕指而唾，辱亦甚矣！整冠李下，掇墨甑中，仆虽聋盲，亦知罪也。当衡者哀怜其穷，点检旧章，责为部邮。将使积劳补过，循资干禄。而蘧篨戚施。俯仰异态；士也可杀，不能再辱。"

这场突如其来的科考案把唐寅又一次送到了人生的低谷，很明显这是一起不折不扣的冤狱，有人说他是统治集团内部权力的斗争的牺牲品，《明史·程敏政传》说："或言敏政之狱，傅瀚欲夺其位，令昶奏知，事莫能明。"也有人说，这是一个叫都元敬的同科士子嫉妒唐寅的才华而肆意陷害，据说现在去苏州的唐寅纪念馆还能看到一块文征明题写的对联"海内知音祝允明，人间何物都元敬"，后一句直指都元敬当年的那段丑事。但就笔者的观点，即使没有这一场"徐经科考案"，也会有别的事情让唐寅吃不了兜着走，原因有二。其一，才华横溢，树大招风。民间至今仍有传闻他曾在三步之内作出一首妙语双关的《网中蝶》诗："从来生性好疯狂，走遍天涯游遍乡，不幸难遇罗网内，脱身还得探花郎。"先不管传说的真伪，这件事很明显是冲着曹植去的，曹植才高八斗曾在七步之内作出一首《七步诗》，名扬天下。但唐寅更绝，连七步都不要直接就三步，即使这事是好事之徒杜撰的，但他至少说明在人们的心目中唐寅的才华确实举世无双。据说他曾刻过一枚"江南第一风流才子"的印章，虽然事情掺水的可能性很大，但可以跟《网中蝶》一事互为印证说明同样的道理。其二，为人狂妄，落拓不羁。暂不说前文提到的他高中应天府乡试第一后写的三首《咏鸡诗》，就在他处在人生低谷，好友祝允明和文征明劝他好好读书，考个功名的时候，他说，"诺，明年当大比，吾试捐一年力为之"，"若闭户经年，取谢首如反掌耳"。其狂妄可见一斑！另据民间传说，他曾与同样落拓不羁的祝允明、张灵等在大雪天扮着乞儿击节唱莲花落，沿街乞讨，得钱便跑到酒肆沽酒买醉，并且叹道："太白亦不知此中之乐也！"这事情听上去有点悬乎，但即使有铁证证明是后人附会也不可能一点影儿没有。如果你觉得不过瘾，我再说件真事，在徐经科考案之前，大约是明孝宗弘治十年（1497年）。朝廷委派监察御史方志负责苏州科考，方志因为"恶其趺弛将黜之"，要不是当时的苏州知府曹凤据理力争，为唐寅讲好话，唐寅恐怕连参加乡试的机会都没有。所以说，这场断送了唐寅仕途以至于几乎断送了唐寅人生的科考案不仅有其发生的偶然性，同时也有其潜在的必然性。该来的终归要来，一切都只不过是时间上的早晚罢了。

　　科考案后的唐寅心情极度复杂，因为看透了人情的冷暖，他是孤单绝望的，"亲知散去绨袍冷，风雪欺贫瓦罐冰"，"世间多少无情者，枕席深情比叶轻"；因为前路渺茫，他是寂寞彷徨的，"仲尼悲执鞭，富贵不可求；杨朱泣路岐，彷徨何所投"；因为蒙受奇冤，他是愤懑不平的，"昭君偏遇毛延寿，高颖不怜张丽华"，"当年孔圣今何在？昔日萧曹尽已休"。明弘治十三年（1500年），一肚子苦水的唐寅决定离开苏州出去散心，"放浪形迹，翩翩远游，扁舟独迈祝融、匡庐、天台、武夷，观海于东海，浮洞庭彭蠡"。后来由于经济和身体的原因远游没有再进行下去，但这一趟远游对唐后期的绘画创作产生了深远的影响，经过时间洗礼之后的唐寅渐渐淡忘了诸多突如其来的不幸，开始重新面对新的生活。回到苏州老家的他一度以卖画为生，36岁时，他选中城北的桃花坞并用卖画挣来的钱修了三间茅屋，过着出世隐居看似超脱的生活，"日般饮其中，客来便共引，去不问"，但在这种看似回归本真的生活背后，又有着怎样一个不为人知的唐寅呢？生活的窘困，物质与精神的双重煎熬，酒醒后的落寞。年少时无忧无虑的时光，年轻时策马奔腾的生活。兄弟姐妹，父母妻儿，唐家的列祖列宗，特别是做小生意望子心切的父亲，想他唐寅空有满腹经纶，才华横溢又如何？"半夜灯前十年事，一时和雨到心头"，内心的孤独苦闷究竟有几人能懂？

机会终于来了，正德九年，宁王朱宸豪突然派人来吴地征聘贤豪名士，45岁的唐寅自然也在征召之列。而且宁王开出的条件十分诱人，这个时候，唐寅的生活差不多到了数米而炊的地步，此时的他早已过了当年那个可以饿着肚子闹风流的年龄，宁王礼贤下士，循循善诱的姿态让而立过半的唐寅受宠若惊，他几乎没做任何思考和风险评估就直接登上开往南昌的马车。在南昌，唐寅受到宁王国士般的款待，然而好景不长，踌躇满志的唐寅看出来了，宁王根本就不需要他，当初征召时的姿态仅仅只是一场哗众取宠的表演，他唐寅在这场表演中甚至连个跑龙套的都不算。宁王在这则独幕剧中扮演的角色历史上叫做"燕昭王"！

在经过人生中的数次大起大落之后，有一种俗称阅历的东西时刻提醒着唐寅，宁王可能藏得很深，怀有不可告人的目的。梁园虽好，但终究不是久留之地。书上说"宁王有异志"，也就是说有造反的念头。横竖这又是一趟浑水，跟当年的科考案如出一辙，经典的教科书式的案例。没有文字载唐寅当时的心情，我想如果唐寅私下里要说脏话，他一定会想出最恶毒的字眼。先贤们说，在一个地方摔倒一次的是小屁孩，在一个地方摔倒两次的肯定是脑袋进水的小屁孩。唐寅不是小屁孩，而且他的脑袋也干燥得像塔克拉玛干的沙子。社会像一个大熔炉，他早已炼就出一双能够洞察世事的火眼金睛。唐寅也许没看过施耐庵的《水浒传》，但他用了一招跟梁山带头大哥宋公明一样的招法轻易骗过了"有异志"的宁王。《苏州府志》说他"佯狂使酒，露其丑秽，宸豪（宁王）不能堪，放归"，翻译成现代汉语就是唐寅假装酒后发狂，在众人面前光着屁股瞎闹。宁王一看这阵势，这人老大不小了居然还有这等雅兴，自叹当初看走了眼，"孰谓唐生贤，真乃一狂生耳"，于是让他马上卷铺盖滚蛋，唐寅好不乐哉，屁颠屁颠地就回去了。这段短暂的南昌生活是唐寅人生中的谢幕表演，南昌的美景特别是腾王阁在他心中留下了很深的印象，后来他画有一幅取自王勃诗意的《落霞孤鹜图轴》很明显就受到这段经历的影响。不久以后，事情的发展果然证实唐寅当初的预测，宁王起兵造反，不到一个月兵败被擒。同谋者多被处死，唐寅以他可以荣获奥斯卡最佳男主角的精彩表演救了自己，但是他还是受到了一些不必要的牵连，思想更趋消沉，转而寄希望于释氏。他取《金刚经》中偈语，"一切有为法，如梦幻泡影，如雾亦如电，应做如是观"，自号"六如居士"。

　　晚年的唐寅，年老多病，疏于动笔，再加上卖画的行情不太好，过得既不愉快也不幸福。这一切从他晚年所作的《贫士吟》中可见一斑："青山白发老痴顽，笔砚生涯苦食艰。湖上水田人不要，谁来买我画中山。……书画诗文总不工，偶然生计寓其中。肯嫌斗栗囊钱少，也济先生一日穷。"好在这个时候，著名的书法家王宠常去看他，光阴似箭，这样的日子一直捱到明嘉靖二年（1523年）十二月二日，是日，这位才华横溢的天才艺术家终于结束了他并不漫长的一生，享年54岁。好友文征明等收其尸骨葬于横塘王家村唐家祖坟。祝允明亲写墓志铭，王宠手书，算是给他的一生画上了一个并不规则的句号。

烟花队里醉千场

　　古名士多风流，才子佳人的故事更是普通百姓茶余饭后喜闻乐见的谈资。加之唐寅自身为人落拓不羁，各种附会传闻纷至沓来也在情理之中。清人赵翼在《廿二史札记》中论及"明中叶才士傲诞之习"时说："吴中自祝允明、唐寅辈以放诞不羁为世所指目，而文才轻艳，倾动流辈，传说者增益而附丽之，往往出名教外。"唐寅可谓开此风气之先者。

旧时代的文人不入青楼的很少，不得志且不入青楼的就更是少之又少了。辜鸿铭老先生早年在说到中国传统文化时，曾有惊人之语，"要想了解中国文化，最好去八大胡同"。根据现存的相关资料，可以肯定地说，唐寅也好这一口。他曾在自己的诗里毫不讳言地作自我总结道："笑舞狂歌五十年，花中行乐月中眠。"（《五十言怀诗》）下面我们从三个方面对此事进行一个分析：

首先，从心理上看，唐寅饱读诗书，才华横溢，然而纵观其一生，多半时间都郁郁不得志，常靠几杯薄酒聊以度日。像这样的落魄文人都有一个共性，把自己在现实世界得不到的满足转向社会的边缘特别是妓女人群。妓女常被人视作贱业，但要把这一碗饭端牢却也并不是一件轻松的事情。它对从业者有着近乎苛刻的要求，撇开从业者个人硬件方面的条件不说，做这一行心理素质相当重要。不仅要能忍受世人的白眼，做到打不还手，骂不还口，还要随时随地微笑面对每一个到来的上帝。更重要的是，只要你的左脚踏上了这只船，你的右脚这辈子你就甭想再碰到水了，不管你当初是出于何种目的，也不管你以后如何卖力工作。你永远不可能得到主流社会的认可。如此，这一行的大多数从业者就具备了跟落魄文人共同的心理基础和话语基础，再加上妓女在风月场中摸爬滚打出来的善解人意。于是我们在历史上就经常可以看到妓女与落魄文人的风月佳话。而恰好唐寅就是这样一个不折不扣的落魄文人。

其次，从性格上看，唐寅放浪形骸、落拓不羁的性格成了他出入青楼的催化剂。官场、考场失意，希望在情场得意，这就是失意文人光顾青楼的原由，但也有例外。文征明与唐寅为多年好友，且早年同样屡试不中、郁郁不得志，由于其家教甚严，本人严于律己，所以没有做过出入青楼饮酒狎妓的勾当。据说有一次，唐寅为了破他的色戒，与好友祝允明商议以游西湖为名邀他一起饮酒作诗，等船开到湖心然后把事先藏在船后舱的几名歌女叫出来陪酒，老实巴交的文征明哪见过这阵势，情急之下竟然想到投湖自尽。唐寅和祝允明好说歹说，连拖带拽并答应把他送上岸才熄了他自杀的心。

再次，从时代的大背景看，明朝中后期正是一个物欲横流，社会价值观遭受极大冲击的时代，各种各样的思想充斥在社会生活的方方面面。对着一个花样翻新，极具诱惑力的社会，明朝中后期的文人一方面聆听着圣贤"安贫乐道"的教诲，一方面又向往着眼花缭乱，琳琅满目的物质生活。因此在明朝中后期文人群体中出现了一个罕见的分流，弃文从商的人大大增加，而且这个现象在唐寅生活的江南地区尤其明显。唐寅仕宦之路的堵塞破灭了他"朝为田舍郎，暮登天子堂"的梦想，他本人对圣贤信仰的缺失必然导致他会把目光转向当下社会正在极度膨胀的世俗欲望。

唐寅嫖妓的事在很多笔记野史中都有记载，书上说他："日与祝希哲、文征仲诗酒相狎踏雪野寺，联句高山，纵游平康妓家，或坐临街小楼，写画易酒。"不仅如此，唐寅还写过很多赠给妓女的诗："苦拈险韵邀僧和，暖簇熏笼与妓烘。寄向社中诸契友，心情可与我相同？""满树天香昼掩门，无端春意褪红裙。恩情只在牙床上，闲杀香闺两绣墩"；"夜雨巫山不尽欢，两头颠倒玉龙蟠。寻常乐事难申爱，添出馀情又一般"。风流而艳雅，但也不是所有的诗都是如此，其中一首《哭妓徐素》："清波双佩寂无踪，情爱悠悠怨恨重。残粉黄生银扑面，故衣香寄玉关胸。月明花向灯前落，春尽人从梦里逢。再托生来侬未老，好教相见梦姿容。"写得何等感伤，令人不甚细读。

点秋香

除了经常出入青楼外，唐寅另一件更广为人知且津津乐道的事就是点秋香，冯梦龙的《唐解元一笑姻缘》、评弹《三笑姻缘》、周星驰的《唐伯虎点秋香》都对其进行了充分的演绎。据有关专家考证，历史上确有秋香其人，只是年龄偏大，大出唐寅数十岁，唐寅如果没有恋母情节的话是不太可能爱上这样一个大龄MM的。但笔者综合各家记载后认为，"三笑姻缘"一事可能性很大，但这件事是否发生在唐寅和秋香身上则有待商榷。

三笑故事，散见诸书，其事迹脉络各家大体一致，并无太大出入。只是故事主角除唐寅外还有其他几种说法：

第一位唐寅。

除了冯梦龙的小说和《三笑姻缘》评弹等文艺作品外，能证明事出唐寅的材料并不是很多，其中较为可靠的一条来自赵翼《廿二史札记》卷三十四"唐寅慕华虹山学士学婢，诡身为仆，得娶之。后事露，学士反具带奁资，缔为姻好"；《小说丛考》也据此认为事情确实发生在唐寅身上，故事中的仕宦之家也确实是华府，只是小婢之名是否为秋香则无法确认。冯梦龙的笔记小说《古今笑》也录有此事。

第二位陈玄超。

陈玄超事载于王同轨的《耳谈》，"陈玄超名玄，句吴人。父侍御，疏论严氏。玄少年倜傥不羁，尝与客登虎丘，见宦家从婢，姣好姿媚，笑而顾己……"事情后来的发展就与我们所熟知的唐伯虎点秋香如出一辙。《三借庐笔谈》也认为："华氏婢秋香故事，久已脍炙人口，皆知为唐伯虎事。近见王行甫《耳谈》载此事，始知我乡陈元超少时事也。元超父以疏论严氏谪死，元归故里，致有此事。《三笑》小说，盖本此为传耳。"此种说法在其他书中，如《情史》等都有提及，材料丰富，因此有一定的说服力。

第三位俞见安。

清人俞樾在其《茶香室丛钞》则记录着他亲自询问当事人曾孙得到的答案。故事的男主人公叫俞见安，女主人公则叫美娘。《茶香室丛钞》卷十七"秋香"条云："国朝黄蛟起《西神丛话》云：俞宪号是堂，次子见安，偶从舟见一女郎，心悦之买舟尾其后……近人以其事为唐寅。余询其从孙祖源，始得其本末。女郎号美娘，盖好事者驾言子畏耳。按黄蛟起字孝存，无锡人也。所著丛话，即记无锡之事。然则俞见安固无锡人，而婢家则在苏州，与世传唐子畏至无锡访华氏婢，适相反也。惟子畏此事，世知其伪托，而言人人殊。此记之说，世罕知者故并载之。"材料虽然有限，但此一条因作者本人的学识修养和他信息的获取方式颇为可靠，姑且存疑。

第四位吉道人。

《茶余客话》卷十八、《通俗编》卷三十七"秋香"一条、《小说考证》卷九"三笑姻缘"认为是江阴吉道人；《茶余客话》卷十八云："唐解元三笑姻缘故事，王阮亭尝辨为江阴吉道人，非伯虎。吉父为御史，以建言谴谪。道人于洞庭遇异人，得幻术。游虎丘时，有兄丧，袭麻衣，内着紫绫袴。适上海某携宅眷游山，有小婢秋香，见吉衣紫，顾而笑。吉以为悦己，变姓役为仆。久之，竟得婢为室。一日，遽去。某知为吉。"另姚旅《露书》也说："吉道人父秉中，以给谏论严氏，廷杖死。道人七岁为任子，与客登虎丘。适上海一宦家夫人，诸婢来游。一婢秋香，姣好……宦家始悉道人，具数百金，装送秋香归道人。"

综上所述，各家之辞均言之凿凿，让人难以取舍。但笔者个人比较倾向于第二种说法。另外可以肯定地说，此事应该与唐寅无关或者说关系不大，只是唐寅的性格和行事风范给后人的附会提供了一个很好的模特。正如《小说考证》的作者最后说的，"子畏粉固放诞，实未尝有此"。至于今人有考证出此事早在唐朝李白的时代都有发生，那又另当别论，在此不作展开。

九个老婆

民间传说，唐寅艳福不浅，一生娶了九个如花似玉的老婆，周星驰版的《唐伯虎点秋香》唐寅也是娶了多个妻子。但现在可以负责任地说，这些纯粹是后人的艺术再加工和好事之言，与实际的情况出入较大。

依唐寅好友祝允明亲写的墓志铭，唐寅先是依父母之命娶妻徐氏，徐氏死后又娶了沈氏，一生老婆当此二人。那么民间何来唐寅娶了九个老婆的传闻呢？一般认为原因有二：

其一，唐寅画过一幅叫《九美图》的画，画中的九个美人正是他那九个貌若天仙的老婆。此种观点纯属空穴来风。首先，唐寅的仕女画多取材于青楼女子，用唐人笔画表现明朝中后期市井百姓的审美趣味。其次，唐寅根本就没画过一幅题为《九美图》的画。而恰好相反，倒是世间流传有一本叫《九美图》的小说，书中载有唐寅的多种事迹，其共分十二卷，作者不详，文章以秋香三笑留情的故事为主线讲述了唐寅追求华府婢女秋香的过程，内容跟周版的《唐伯虎点秋香》基本相同，故事最后也有个选媳妇的过程。华夫人故意把春夏秋冬四香藏了起来，让唐寅自己挑选，唐寅左看不中意，右看不中意，华太师看他闷闷不乐问："华府婢女众多，虽无貌若天仙，倾国倾城者，但容貌非俗的倒也不少，你就一个都看不上吗？"唐寅答道："红杏如何压众芳，墨桃看去只平常。玉莲含露娇无力，金菊凌霜色带黄。绿梅老，翠柳长，芍药翻风态更狂。纵使海棠能解语，伪怜有色又无香。"华太师听后知道唐寅是有备而来，便与夫人商议，出一上联，如果唐寅能够对得精妙就在"春夏秋冬"四香中赏一香与他。

上联是"比目无鱼难比目",唐寅不假思索便随口就给出下联"相思有鸟愿相思"。华夫人赞不绝口,又出一上联"池吐红莲,坐纳凉风消夏日",唐对曰,"庭开丹桂,醉邀明月赏秋香"。此时,华夫人读懂了唐寅的心思,又加上连出两联都没能难到唐,觉得因缘红线,天命所归,于是成全了这段佳话,因为在此之前,唐寅已经有了八位妻子,加上秋香正好九位,所以得名《九美图》。最后加句题外话,此书中还载有唐寅其他八个老婆的姓名身份,姑抄录于此,以供爱好者赏析:"大娘娘名唤陆昭容,二娘是太守千金刘翠琼,三娘是随嫁春桃心最巧,四娘是名门宦家李传红,五娘是中表连姻情密甚,六娘世代鼓楼东,七娘乃是名门女,八娘是带发修行薛九空。"

其二,唐寅在发妻徐氏死后又续娶了沈氏,而这位沈氏正好名九娘,于是有人据此认为她是唐寅的第九个老婆,其实不然。九娘出身青楼,九娘也是她的原名,由于机缘巧合结识了唐寅,唐寅爱九娘的温柔体贴,九娘敬唐寅是个才子,夫妻相敬如宾,过了一段平凡却颇为温暖的日子,直到1512年九娘去世。在九娘生前,唐寅曾写过一首题为《扬州道上思念沈九娘》的诗:"相思两地望迢迢,清泪临门落布袍。杨柳晓烟情绪乱,梨花暮雨梦魂销。云笼楚馆虚金屋,凤入巫山奏玉箫。明日河桥重回首,月明千里故人遥。"从诗里可以看出二人感情之深,恩爱之切,九娘与唐寅育有一女,取名桃笙,这也是唐寅唯一流传于世的一点骨血,后来嫁与书法家王宠的儿子为妻。

唐寅的一生并不漫长,只有短短的五十四个春秋,但他在给后世留下众多精美艺术作品的同时也给人们留下了诸多谈资。今天在江苏的唐寅纪念馆可以看到这样一副楹联:"问唐衢痛哭何为,纵使青云无望,却赢得才子高名,在将相王侯之上;继宋玉招魂之后,此番苍墓重修,更装点横圹美景,替湖山花月坛妍。"后人如此敬重风流才俊,设馆纪念,多少算给唐寅生前寂寞的一点慰藉吧!

非文人"赵书记"

> 每个人都会有致命的性格缺陷,文人有,非文人也有,不信你看赵普的一生。

"赵书记"是时人对赵普的一个普遍称呼,但此书记非彼书记,赵普早年曾在宋太祖赵匡胤手下做过书记官,负责文字记录等工作,所以堂下坊间有是称。按说,这样的工作应该是文人的就业目标,可赵普却偏偏算不上一个文人。

赵普确实不是文人,后人盛传的"半部论语治天下"即是明证。《宋史·赵普传》说,赵普少习吏事,寡学术,一生勤政,颇有贡献,于是后人颇为好奇,想知道他平时究竟都躲在家里读些什么会有如此才能。等到他死之后,人们急忙打开他的书箱,却发现里面只孤零零地躺着一部《论语》。《论语》为四书之首,是我国古代通用的发蒙读物,赵普身为宰相,还在苦苦研习这本书,也足可见他学问有限。就因为学问有限,有一次赵普还被太祖赵匡胤用毛笔涂了一脸。

事情是这样的,赵匡胤初登基时想改元,改个好听点吉祥点的年号,初步拟定为乾德,取"上天、帝王的恩德"之意,于是把这事告知赵普,赵普一听很高兴,极力在一旁附和,而恰好此时素与赵普不和的翰林学士卢多逊也在旁，于是冷冷地说了句，此年号伪蜀时期已用过了。赵匡胤一听，这还了得，慌忙令人翻书查实。这一翻，果然卢多逊说得不差分毫。赵匡胤一怒之下，遂用手边的毛笔涂了赵普一脸，害得赵普一整夜都不敢洗脸，直到第二天上朝时，赵匡胤怒气消了，看着赵普的窘样，觉得怪可怜的，才吩咐他洗去墨汁。（叶梦得《石林燕语》）

但就是这么一个书读得不多的人却能成为一代明君赵匡胤的左膀右臂，帮助赵匡胤打江山，治天下，功勋卓著，确实不可小觑。细细想来，其也定有过人之处，那就是通晓人性的弱点，懂得权力的奥秘。

赵普最初投奔赵匡胤时并不被看好，也没受到重用，赵匡胤领兵打仗也从来不带着他，但是他却能够在这样的环境下很好地展示自己，让自己最大程度地脱颖而出。

赵匡胤是个孝子，长年领兵在外，东征西讨的，一年很少能有几天静下来陪陪家人。一次，他父亲赵弘殷病了，几个儿子都不在身边，于是赵普抓住机会，侍奉赵弘殷甚至超过了自己的生身之父。赵弘殷很感动，等赵匡胤打仗回来就把这事告诉了他。赵匡胤一听也很感动，于是跟赵普论起了宗室辈分，这样两人就拉上了关系，更为厉害的是，借着这次谈话的机会，赵普彻底展示了自己对政事的见解，赵匡胤颇为赏识，把他留在军中，这就是赵普发迹的开始。

之后赵普更是看准时机，与赵光义等密谋发动"陈桥兵变"拥立赵匡胤为帝，遂得道升天，一夜之间成为佐命元勋，深受器重。而且他也每每能借助自己在赵匡胤心中的优势做出一些惊人的判断，说出一些惊人的话，从而进一步加深自己的这种优势和地位。

陈桥兵变后不久，赵匡胤曾打算让弟弟赵光义的岳父天雄军节度使符彦卿执掌禁兵。赵普屡劝不听。赵匡胤最后甚至都带着怀疑的口吻说:"卿屡疑彦卿何也?朕侍彦卿至厚,彦卿岂能负朕耶?"这话也把赵普惹急了,于是反问了句,"陛下何以能负周世宗?"赵匡胤无语,此事遂罢。(《宋会要辑稿》)应该说赵普看得很准。这样的事不就刚刚发生吗?对外人如此,对有血缘关系的人他也照旧如此,始终谆谆告诫赵匡胤要早做防备,多做打算。

  根据"金匮之盟"的约定,赵匡胤死后皇位要传给其弟赵光义,然后再由赵光义传给三弟赵廷美,最后再由赵廷美传给太祖长子赵德昭。但等到政权稳固之后,赵匡胤的想法有所动摇。于是赵普乘机进言:"陛下艰难创业,卒至升平。自有圣子当受命,未可议及昆弟。臣恐大事一去,卒不可追,陛下宜熟计议之。"(王禹偁《建隆遗事》)可惜,这次赵匡胤没能完全采纳赵普的建议,随后烛影斧声,赵匡胤死,赵光义即位,政权落入了太宗一系,赵普也因为这事得罪了赵光义,久不被重用,后来虽有起复,但已经是杂剧的尾声。

  纵观赵普的一生,几乎都在权力的漩涡中打转,无论是排斥亲信还是消灭亲人,赵普都深谙权力的奥秘和人性的弱点,他一生中也做了很多大事,但无一不与权力有关。也许是非文人的缘故,他总能直言不讳地道出人们心底那些不宜公开的小九九。也许同样是因为非文人的缘故,他的从政生涯始终缺乏如他的后辈范仲淹、王安石那种以天下为己任的胸襟和抱负,或许这就是历史的镜子中照见的他最真实的容颜。

文人与诗书

> 文人爱书，文人读书，文人写书，文人与书总有着千丝万缕纠缠不清的关系。

文人都喜欢读书，喜欢读书的自然喜欢藏书，但这书多了，自然免不了生虫长蛆、发霉变质。于是这古书的保存就成了一个问题，按照习惯古人常选择农历的七月七日这一天来暴晒书籍，据说这一天晒书可以防止书籍变坏，而且效果明显。一般人呢！也总愿意在这一天鼓捣点破被子、旧衣裤什么的出来晒晒。

《世说新语》说，某年的七月七日，看见别人都在自家的院子里晒东西，竹林七贤之一的阮咸也从旧衣堆里翻出一条大裤衩挂在院中，实在有煞风景。别人问他，他说，我跟大家都一样，吃一样的饭，做一样的事，拉一样的屎，我怎么能免俗呢！姑且在这里挂条裤衩应应景吧！

与阮咸差不多同时代，有个叫郝隆的人更有趣。每到七月初七，他既不跟着其他的读书人跑到户外去晒旧书，也不学着一般的小民百姓翻弄点旧衣物挂在院子里，而是专等到太阳最大、日头最毒的时候，一个人搬张长椅子跑到旷野里仰卧。人们看见他这样都很奇怪，问他什么原因！他整整了衣服反而一脸诧异地说，我也在晒书啊，难道你们没看出来，我晒的可是腹书啊！

无独有偶，据传闻宋朝的大文学家苏东坡也习惯于把喝早茶称作"浇书"。陆游在他的《春晚村居杂赋绝句》中写到"浇书满挹浮蛆瓮，摊饭横眠梦蝶床"，看来陆放翁也习惯于彰显自己那满腹的诗书！

其实文人不但读书藏书晒书，同样也喜欢写书祭书。由于对书过于痴迷，所以很多时候他们的一举一动在常人看来就有点略显乖张了。

唐时以苦吟而著称的诗人贾岛就是其中一例。贾岛年轻时因为一句"秋风生渭水、落叶满长安"，差点连命都搭上，可见其写作学习之用功。

据《唐才子传》记载，每年的除夕夜，当家家户户都在忙着祭天祭地祭奠鬼神的时候，贾岛却把这一年的诗作拿出来必恭必敬地放在案头上焚香礼拜，口中念念有词："此吾终年苦心也。"然后痛饮一番，长歌而罢，颇有点孔老夫子"祭如在，祭神如神在"的意思。贾岛的举动并非为了标新立异，哗众取宠，所以那祭奠的场面自然就相当恭敬、虔诚。不仅有焚香、烧纸等惯常程序，还有磕头、洒酒等更进一步的升华。

做过这事的人当然不止贾岛一个，一千年后的大清，有个著名的藏书家也有过类似的举动，只不过他祭的并非自己的诗作而是家藏的那几屋子书。

此人姓黄名丕烈，在藏书圈里名气大得没边，他的书斋先后用名极多，先有学耕堂，以后又陆续有百宋一廛、士礼居、求古居、陶陶室、学山海居、读未见书斋，等等。然而，此公最为人所津津乐道的还是除夕夜祭书一举。

到了每年的除夕，他都要把自己收藏的好书放在案头，祭以瓜果，以作酬劳。如嘉庆十一年，与陈鳣争购宋刻《周易集解》，如愿以偿后，他即"以香楠制椟而藏"，等到了年尾除夕夜祭书时，他便把这本书列在第一的位置加以礼拜。不仅如此，他还到处延请名士为他的祭书过程绘图赋诗以记。顾广圻为他写过《士礼居祭事诗》。沈士元也为他写过在《祭书图说》，沈在《祭书图说》中写到："黄君绍甫，家多藏书，自嘉庆辛酉至辛未，岁常祭书于读未见书斋，后颇止。丙子除夕，又祭于士礼居，前后皆为之图。"可见这件事在黄丕烈看来是何等的神圣和不可侵犯。

其实在所有的读书人眼里，书籍又何尝不是神圣和不可侵犯的呢！

穿行过诗画乐佛的风

> 如果有前世，我想王维的前世一定就是一缕吹拂过盛唐的风。

出身贵族，多才多艺

王维字摩诘，生于武后圣历二年（公元699年），卒于肃宗上元二年（公元761年），享年62岁。太原祁（今山西祁县）人。出身贵族世家，唐朝著名诗人，诗画皆工，尤擅以画入诗，以诗入画。苏轼赞其诗画曰："味摩诘（王维）之诗，诗中有画；观摩诘之画，画中有诗。"（《书摩诘蓝田烟雨图》）自幼奉佛，晚年长斋，一生过着亦官亦隐亦居士的生活，又因其通佛性，尚南宗，亦有"诗佛"之誉。

王维籍贯太原祁县，也就是所谓的太原祁人，可千万别小看王维这个籍贯，唐朝贵族圈子有所谓的五姓七家之说，分别指的是太原王、荥阳郑、赵郡、陇西二李、清河、博陵二崔。

王维一家正是五姓七家中的太原王，其母根据王维在《请施庄为寺表》中的记载也是五姓七家之一的博陵崔。

贵族必然有贵族的样子，王维的家世可观。他的先祖们都曾是朝廷的栋梁，在王维家那不小的祠堂内，依次供奉着先祖的灵牌：王琼

（隋镇东将军）、王尊业、王儒贤（唐赵州司马）、王知节（扬州司马）、王胄（协律郎）。王维的父亲王处廉眼下也正当着汾州司马。

出身贵族当然并不只意味着这些可以在人前炫耀的家世，更重要的还在于从小就能接受系统而全面的教育和世世代代特殊环境熏陶出来的典雅气质。凭借这样的教育和气质，即使在讲究公平竞争的科举时代，贵族的子孙们往往也占尽天机。

王维的爷爷王胄在世时任朝廷的协律郎，掌管调正各种音乐律吕，并且一手琵琶弹得神出鬼没，被时人称为"国手第一"。其父亲也是诗书画皆工，而且父亲还很注意对王维兄弟的培养，自己亲自教授其诗文，还延请了很多当时有名的画家、乐手对王维兄弟进行全方位的教育。

《新唐书》说，王维"九岁知属辞"，也就是说王维9岁就能写出非常像样的文章。王维15岁时路过嬴政墓写的《过始皇墓》已经颇具气象，流传至今脍炙人口的《九月九日忆山东兄弟》也只是王维17岁旅居长安时的即兴之作。

《九月九日忆山东兄弟》
　　独在异乡为异客，每逢佳节倍思亲。
　　遥知兄弟登高处，遍插茱萸少一人。

全诗不事雕琢，浑然天成，却有一股力量感人至深。在异乡为异客，旅异地为异人，思乡之情，溢于言表。又逢佳节，人人团圆，家家结彩，烹羊宰牛，喜庆连连，这思念自当更深一层。诗意反复跳跃，含蓄深沉，既朴素自然，又曲折有致。"每逢佳节倍思亲"一句更是成为千百年来游子心头日夜萦绕的名句。

诗歌之外，王维还工草隶，长绘画，娴丝竹，不管在当世还是在中国几千年的历史长河中，其都是不可多得的全才。前人评价唐朝诗人时说，李白是天才，杜甫是地才，王维是人才。可见在别人眼里，王维的全才正是凭借他那良好的家庭教育后天习得的。

精通音律，观画识乐

大抵在15岁前后，才华横溢的王维开始从故乡出发，游历京师。但在最初的日子王维是寂寞的。他一心想结交的岐王怎么也联系不上，最后是弟弟王缙提醒他用银子买通王府的门人，名刺才得以顺利到达。

岐王姓李名隆范，为避玄宗讳而省去隆字，单名为范。他是睿宗李旦第四子，崔孺人所生，也是当朝皇帝玄宗的四弟。

岐王尚贤，好风雅之名由来已久。当得知来人是有名的太原王氏后裔时，他吩咐左右赐座。王维献上早已准备好的几首小诗，其中有《过始皇墓》、《九月九日忆山东兄弟》、《题友人云母障子》等，岐王看后赞不绝口。席间听说王维是前协律郎王胄的后人，便邀王维一起品丝论竹。

一曲过后。岐王问："此是何曲？"王维答："《凉州曲》，这支西域新进贡的曲子，格调苍凉，贵府的乐工演奏得也还不错。"

"也还不错"四个字让岐王吃了一惊，王维可能不知，在岐王那里，这支曲子一向是他炫耀的资本。被王维这么一说，岐王有点不高兴，赌气地问："王公子有何高见？"王维有条不紊地把自己的想法说了出来，笙管在哪里丢了半个音，笛箫在哪里慢了半拍，琵琶的指法还不错，但未精到，揉捻挑拨尚欠功夫。

岐王和王府的乐工们听得目瞪口呆，紧接着王维又自告奋勇奏了一曲。有如天籁，余音绕梁，三日不绝，众人如痴如醉，演完之后很久才突然想起鼓掌。

从那以后，王维成了岐王的座上常客，也算在京城初步站稳了脚跟。

站稳脚跟后王维打算正儿八经地考个功名。

根据唐人薛用弱在《集异记》中的记载，开元七年（公元719

年），王维准备应试，最开始他想走公主的门路，于是委托岐王引荐。

公主全称玉真公主，玄宗的同母妹，她从小见惯了奶奶武则天、姑姑太平公主的宫廷斗争、尔虞我诈，觉得活得太累，于是在终南山建了个别馆以做求佛之用。她的这种做法深得三哥玄宗的赏识，所以在很多事情上对她格外关照，她的话在三哥面前也格外管用。

有这个想法的不止王维一个，早在王维之前，有个叫张九皋的人就已经打通了公主的关节，公主也答应帮忙，授意负责考试的官员点此人为解元。情急之下，岐王想了一记妙着。

一天，公主宴请岐王，岐王便带着王维前去赴宴，岐王让王维锦绣华服地妆扮了一番。王维风姿俊美，仪表非俗，浑身上下散发出一股高雅的贵族气息，非常惹人注目。公主一见便问："这是何人？"岐王说："是个懂音乐的！"随即让王维给公主演奏一曲。只见王维左右拂弦，指如流水，曲成，公主大惊，问："这是什么曲子？怎么听都没听过！"王维起身答："此曲名叫《郁轮袍》，是小生自度的曲子。"公主听了很高兴，岐王于是乘机说："此人不单通晓音律，诗文亦工！"公主惊叹再三，问是否有写就之诗。王维从怀里取出数卷早已准备好的诗奉上，公主阅毕，缓缓说道："这些诗歌我先前也曾读过，一直以为是古人的作品，想不到作者居然是你这样一位翩翩少年！"于是让王维更衣入席，列为上宾。

王维饱读诗书，言谈诙谐，再加上从小熏陶出来的贵族气质，在座之人无不骇然！岐王见时机成熟，遂对众人说："此人文采风流，如果今年京兆府能以此人为头筹，实乃国家之福。"公主说："那干吗不教他去应举呢？"岐王说："听说今年的解元您已经许给张九皋了。"公主闻言哈哈一笑，说："那是别人求情，这张九皋我见都没见过。"随即回头对王维说："你要想取解头的话，我当全力保荐你。"就这样，王维轻而易举地夺取了解头。

这个故事据史学家考证完全是后人的好事者言。因为早在王维之前，那个跟王维存在竞争的张九皋就已经明经及第，他犯不着再趟这么一趟浑水。但是从这个唐人记载的故事里，我们还是可以看出人们对王维才华特别是音乐才华的认可。虽然中解头一事子虚乌有，但考取进士而且高中状元却是正史记载的事实。

《旧唐书》说："维开元九年（公元721年）进士擢第。"进士及第后，王维随即被授予"太乐丞"，这是一个掌管音乐的闲官，对于王维来讲，多少也算是专业对口。

对于音律王维也有很多过人之处，他不仅能听出别人哪里跑调，哪里走音了，而且自己还能写曲填词演奏，甚至于随便拿一幅奏乐图，王维就能说出画中的乐工奏的是何音何调，奏至何处。

天宝十一年（公元752年）三月，有位同僚新得一幅《奏乐图》，但画上没有款识，不知画的是什么意思。于是拿到朝堂上请王维帮忙鉴别，王维摊开画来，这是一幅六尺长卷，绢本设色，人物形态逼真，栩栩如生。画面上是一个管弦乐队，还有指挥，像是在演奏什么曲子。

端详了一会儿，王维告诉同僚，这幅画不是什么古董，画上的乐队演奏的《霓裳羽衣曲》也是新近流行的曲子。而且就画中的情形看，乐队正演奏到第三叠的第一拍。见王维说得如此精确，同僚表示怀疑，王维说可以一试。于是二人找来乐队让他们给表演《霓裳羽衣曲》，当演到第三叠第一拍的时候，王维大喝一声"停"。整个乐队戛然而止！同僚对照画中情景，竟然一模一样，大为叹服！谓王维真乃神人，国士无双！

画中有诗，诗中有画

开元十八年（公元730年），张九龄丁母忧，孟浩然返回襄阳。朝廷里"口蜜腹剑"的李林甫当权，一片狼藉，王维也于这一年辞官闲居，开始酝酿前往四川的行程。

在前往四川的路上王维所作诗画甚多，北宋的《宣和画谱》中光是王维所画的《栈阁图》和《蜀道图》就有十一幅。但可惜这些画现在都见不到了，目前存世的所谓王维真迹据专家考证都非王维原作。现藏于台北故宫博物院的《雪溪图》被学界评为最能体现王维画风貌的非王维画。

《雪溪图》，绢本、墨笔画。纵36.6厘米，横30厘米。坡石有渍染似无勾皴，无款。有宋赵佶标题"王维雪溪图"。图录于《中国名画宝鉴》。全画采用平远构图，分为近景、中景、远景三段。近景左下方有一座披着素纱的木拱桥把人们引入一个冰雪天地；中景是一条结冰的大河，横卧在画卷中部，水平如镜；远景，河对岸雪坡、树木、房舍等平卧于黑水之上，掩映于白雪之中，整个画面幽静深远，让人沉浸在一片宁寂的山村境界之中。伫立在天地之外有雪花飞飞洒洒，观画人的眉梢、面颊、肩膀顿时长出了一层薄薄的雪绒花，行人的脚步越来越近，闭上眼仿佛触手可及。

文人画清幽的意境在这里被发挥到了极致，因此后世都尊王维为文人画的始祖。董其昌推崇其为"南宗之祖"，认为"文人之画，自王右丞始"。

在王维之前，山水画流行的是金碧设色。以泥金、石青和石绿三种颜料作为主色，以青绿画山水，泥金钩染山廓、石纹、坡脚、沙嘴、彩霞，以及宫室楼阁，透露出一种富丽堂皇的美，但缺乏清静幽远的意境。文人画的水墨传统正好弥补了这个不足。

在五代著名画家荆浩的《笔法记》中，荆浩借一位老者之口对唐及五代画家作了一次评价和排位："王右丞笔墨宛丽，气韵高清，巧象写成，亦动真思。李将军理深思远，笔迹甚精，虽巧而华，大亏墨彩……吴道子笔胜于象，骨气自高，树不言图，亦恨无墨。"李将军指的是金碧山水的扛鼎人物李思训，吴道子指的是有"吴带当风"之称的画圣吴道玄。

就这样两个人在荆浩看来都远不及王维，不仅李思训略输文采，而且就连被后世称为"画圣"的吴道子也稍逊风骚。沈括的《梦溪笔谈》里有一则也谈到了王维画，而且评价极高，"予家所藏摩诘《袁安卧雪图》有雪中芭蕉，此乃得心应手，意到便成，故其理入神，迥得天意，此难可与俗人论也"。北宋名臣范仲淹曾写诗称赞西湖美景，其中有一联"丹峰翠壁相辉映，纵有王维画不如"。"纵有王维画不如"一句足可见王维的山水画在人们心中的地位。

除了山水，王维还能画人物。开元二十年（公元732年），王维经三峡出蜀，乘船回到长安，途中他特意去拜访了身在襄阳的好友孟浩然。王维拿出一路的行吟之作请孟浩然指正，孟浩然看过王维的诗后爱不释手，特别对"晴江一女浣，朝日众鸡鸣。水国舟中市，山桥树杪行"几句感触颇深，认为深得景物之妙，如影历历，恰在眼前。接着孟浩然也拿出自己的诗请王维参阅，当看到"日暮马行疾，城荒人住稀"一句时，王维沉吟良久，随即向孟浩然讨来笔墨纸砚，顷刻之间，一副《孟公行吟图》一挥而就。

画面上，孟浩然修长的身材，清峭而瘦弱，白袍，乌纱，黑靴，骑马缓行；一个书童，背着琴，提着书箱紧随其后。背景是萧索的荒城。全画风调沉郁，透露出一种沧桑和枯寂。这幅画在唐朝的名气极大，很多人都争相临摹。

相对于音乐和绘画，王维更大的成就还在于他的诗作。央视的"子午书简"栏目是这样评价盛唐三大诗人——李、杜、王的。如果说李白的诗有任侠使气的布衣风采，杜甫的诗有忠君忧民的官绅底蕴，那么王维的诗才真正是寄情山水、体味人性的诗人本色。

由于兼众多角色于一身，所以常常能在王维的作品中看出艺术相通的影子。苏轼的话可谓一语中的，"味摩诘（王维）之诗，诗中有画；观摩诘之画，画中有诗。"

开元二十五年（公元737年）王维以监察御史的身份出使凉州，他作于这一时间的《使至塞上》和另一首年代不可考的《送邢桂州》最能体现他的画家本色。

《红楼梦》里有一回写到香菱学诗，她的老师黛玉独独在唐诗数千家中选中王诗，让她第一步先读一百首王诗。读过之后，二人开始探讨起读诗心得。

香菱笑道："据我看来，诗的好处，有口里说不出来的意思，想去却是逼真的。有似乎无理的，想去竟是有理有情的。"黛玉笑道："这话有了些意思，但不知你从何处见得？"香菱笑道："我看他《塞上》一首，那一联云：'大漠孤烟直，长河落日圆。'想来烟如何直？日自然是圆的，这'直'字似无理，'圆'字似太俗。合上书一想，倒像是见了这景的。若说再找两个字换这两个，竟再找不出两个字来。再还有'日落江湖白，潮来天地青'，这'白''青'两个字也似无理。想来，必得这两个字才形容得尽，念在嘴里倒像有几千斤重的一个橄榄。还有'渡头余落日，墟里上孤烟'，这'余'字和'上'字，难为他怎么想来！我们那年上京来，那日下晚便湾住船，岸上又没有人，只有几棵树，远远的几家人家做晚饭，那个烟竟是碧青，连云直上。谁知我昨日晚上读了这两句，倒像我又到了那个地方去了。"

香菱虽是初学诗，但问题看得真切，她所举的三句诗"大漠孤烟直，长河落日圆"；"日落江湖白，潮来天地青"；"渡头余落日，墟里上孤烟"都是王维诗中的名句，而且都具有图像美，它不同于李白那种"黄鹤之飞尚不得过，猿猱欲度愁攀援"（《蜀道难》）的想象，也不同于李贺"吴质不眠倚桂树,露脚斜飞湿寒兔"（《箜篌引》）的用典。他写景恰似一个高明的画家拿着炭头在画布上别有新裁地细细涂抹。

"大漠"、"孤烟"、"长河"、"落日"、"渡头"、"墟里",一个景致就是一幅画面,再加上诗人精心选择的动静结合的表现手法,一幅幅画面如在眼前,呼之欲出!

特别是香菱提到的前两句,一个"直",一个"圆";一个"白",一个"青"。其中"直"和"圆"是线条,"白"和"青"是颜色。线条和颜色这些都不是诗人的专长,只有在画家的眼里他们才是鲜活的元素,说王维诗中有画,苏轼也算是道破天机。

禅理入诗,妙韵天成

除了画境,还有禅意。由于母亲崔氏的影响,王维自幼奉佛,晚年长斋!《旧唐书》说他"居常蔬食,不茹荤血"。他的名和字也取自于一部佛教经典《维摩诘经》,早在开元十七年(公元729年),他就开始从大荐福寺道光禅师学顿教,道光禅师是禅宗的传人,所谓顿教指的正是禅宗的南宗,这一教派讲究的是顿悟,他们认为佛跟一般人的区别就在于是否顿悟。顿悟之前,佛乃常人,顿悟之后,常人即佛。

从流传至今的《赞佛文》、《西方变画赞并序》、《大荐福寺大德道光禅师塔铭并序》来看,王维确实跟佛教有着不解之缘。

《过香积寺》

不知香积寺,数里入云峰。古木无人径,深山何处钟?

泉声咽危石,日色冷青松。薄暮空潭曲,安禅制毒龙。

这首诗记载了王维一次路过寺庙的所见所闻所想,"安禅制毒龙"一句说出了王维潜心佛教的目的,人生的起落喜悲让王维必须从内心出发来化解外在的种种困惑。对于佛教,对于禅宗,王维也有自己的独到见解。

天宝元年(公元742年),王维相中前朝诗人宋之问的辋川别业,又恰好宋之问的弟弟宋之悌急着用钱要出售别业,于是王维花重金买了下来。

辋川在蓝田县西南五公里，属于终南山的余脉。这里风景秀丽，不似惯常的北方景象，倒颇有几分江南气象。最早在这里建房居住的是东晋末年的刘裕，当年刘裕率军收复长安，灭秦后，军中的南方将士思乡心切，刘裕发现辋川地界颇似南景，于是在辋川修了城堡，以慰将士的思乡之心。

辋川地界有大大小小的各种景致二十余处，买下辋川别业后，王维每天与朋友吟啸其中，诗酒为伴，亦官亦隐。天宝二年（公元743年），王维的诗集《辋川集》问世，其中有吟咏辋川美景的诗歌二十余首，每首对应一个景点。其中不乏传世名篇。

《辛夷坞》
木末芙蓉花，山中发红萼。
涧户寂无人，纷纷开且落。

寂静的山涧里，辛夷花自开自落，自生自灭，不假外物，不关世事，也无人知晓。这是一个远离尘嚣的世界，也是诗人王维主客观契合一体的独特意境，与佛家空无寂灭的观念异曲同工。明朝的文论家胡应麟说，此诗是"入禅"之作，"读之身世两忘，万念皆寂"。（《诗薮》内编卷六）全诗不像王维的其他诗有着众多的意象，这里只有芙蓉花，除此之外别无二物。如此意境，生于象外，恰似天成，诗境与禅境合一，读之令人身心两忘。

《竹里馆》
独坐幽篁里，弹琴复长啸。
深林人不知，明月来相照。

同《辛夷坞》一样，诗人依旧是孤独的一个。幽深的竹林里弹琴长啸，无人知晓他的存在，只有明月相伴。在诗的语言里，明月是一种清冷的意象,逃离万物而归于一,寂静的快乐,物我合一而终至两忘,禅意与诗情水乳交融。《鹿柴》也是这样的:"空山不见人,但闻人语响。返景入深林,复照青苔上。"空山里寂静无人,只有飘忽不定的人声,闻声却不见人,一缕夕阳穿过层层叠叠的松林,落在青苔上,恍惚而又凄清。这正是王维所追求的那种远离尘嚣的空寂的境界,虽然孤独,却也蕴藉。

纵观三首小诗,营造的都是一种清寂的意境,禅宗的境界。三首诗中都有表示不存在的虚词,如"无人"、"人不知"、"不见人",而且不存的并不是死气呆板的物,而是作者之外的人。在作者的视野,整个世界除了自己,空无一物!

清代王渔洋说,王维的这类小诗"字字入禅","妙谛微言,与世尊拈花,迦叶微笑,等无差别"。(《蚕尾续文》)也就是说,王维的这类山水诗具有禅趣、禅悦、禅味,言有尽而意无穷,既传达出了禅的意蕴,也表现了诗人对山水美景的独特品味。

从天宝元年(公元742年)到乾元元年(公元758年),王维在辋川别业中度过了一段礼禅的生涯。乾元元年五六月份,为了帮助皇上祈佛,也为了纪念自己的亡母,王维向皇上上了《请施庄为寺表》,表示愿意献出自己的辋川别业"上报圣恩,下酬慈爱",言辞恳切,皇上览后,批准了王维的请求。

这一年的冬天,王维告别了居住十六年之久的辋川别业,带着一种落寞和空虚离开了辋川。临走之前,王维写下了一首《别辋川别业》,"依迟动车马,惆怅出松萝。忍别青山去,其如绿水何?"人生走至晚年,王维的心情别样而复杂,这一时期的他常常思考一些哲学上的终极问题,以诗为证:

"独坐悲双鬓,空发欲二更。雨中山果落,灯下草中鸣。白发终准变,黄金不可成。欲知除老病,唯有学无生。"(《秋夜独坐》)

但"无生"的境界一生事佛的王维终究还是没有学成，上元二年七月（公元761年），王维死在尚书右丞任上，享年61岁。世称王右丞。因其事佛，也有"诗佛"之誉。

圣贤王阳明

> 一辈子要做圣贤的人,最终真的做成了圣贤。

寓意深远的改名

王阳明,名守仁,字伯安,生于明成化八年(1472年),卒于明嘉靖七年(1528年)。祖籍浙江余姚,自其父始迁居山阴。曾修学讲论于越城附近的阳明洞,故有阳明之号,并以此行于世。

中国人大凡后来有了点成就的,出身多半都会被民间传说神乎其神地渲染一番,王阳明也不例外。

据王阳明年谱记载,王阳明出生的前一天,其祖母岑氏做了一个怪梦,梦中一个身着绯衣的神仙领着一大帮人吹吹打打,踩着祥云前来送子。当岑氏被这个怪梦惊醒的时候,她那因年老有些失聪的耳朵已经听到了小王阳明清脆的哭声。第二天,岑氏把做梦一事告诉了王阳明的祖父王伦。王伦也觉得非同寻常,思索良久,决定给孩子取名为云。但令人遗憾的是,尽管王阳明的出身被传闻附会得近乎神话,但直到五岁小王阳明仍然不能开口说话却是不争的事实,这自然急坏了王家人,到处求医问药依然不见好转。直到某一天,一位云游的高僧路过王家,一见小王阳明,高僧就不由地叹道:"孩子是个好孩了，可惜道破了。"

"云"字在汉语中有言说之意，再加上在岑氏的梦中，王阳明乃云中送子。所以以"云"为名，既象征着岑氏之梦，又意味着说出了此事。经高僧点化，王伦最终决定把孩子改名"守仁"。

"守仁"一词源自儒家经典《论语·卫灵公》"知及之，仁不能守之，虽得之，必失之。"据说，改名之后，小王阳明随即便能开口说话，这样的传闻恐怕不足为据。但是改名一事却隐约给王阳明划出了一条人生轨迹。如果说以"云"为名是对岑氏之梦的回应多少带有佛老两家神秘倾向的话，那么改名"守仁"则代表了儒学的回归，在以后王阳明的人生道路中，我们会发现这种回归的力量是如此巨大，以至于最终成就了王阳明。

学别人做圣贤

王阳明开口虽晚，但悟性甚高。11岁那年，王阳明随祖父王伦进京，跟在京城做官的父亲王华汇合。随即入了塾学，接受正统的儒家教育。相对于其他学童，王阳明显得有些早熟，他经常对着书本发呆，老半天不说一句话。

有一天，他突然问老师，什么是第一等事？老师也没多想随口说道，那自然是读书考取功名了。这样的回答想必也是很多人心中的答案，但是这个回答并没有让王阳明满意。王阳明有些疑惑地说，考取功名恐怕不能算作第一等事吧！……读书学做圣贤如何？

王阳明是这样想，也是这样做的。17岁时，王阳明遵父命从京师赴江西南昌迎娶其外舅江西布政司参议诸养和之女。在南昌住了一年，1489年，王阳明18岁，携夫人回故乡余姚。途经广信（江西上饶），他特意去拜访了著名的理学大师——娄谅！王阳明弟子黄绾在《阳明先生行状》中，记载了这次影响了王阳明一生的会面："明年,还广信,谒一斋娄先生。异其质,语以所当学,而又期以圣人为可学而至,遂深契之。"短短的35个字透露出了此次谈话的内容。其一,娄谅告诉王阳明读书的目的并不是为了考取功名,而是为了成为圣贤;其二,娄谅肯定了圣贤是可以通过学习来做到的。

此次谈话解开了困扰在王阳明心中七年的"何为第一等事"的问题。既然通过学习可以成为圣贤,那么究竟应该怎么学,向谁学呢?

作为一个从小接受儒学熏陶的读书人,王阳明最先想到了当时在思想上占统治地位的理学宗师——朱熹。回到余姚,王阳明遵从父命跟弟弟妹妹们一起学习,白天大伙相与讲习经义,晚上王阳明则一个人闭门读书直至夜深。这段时间王阳明遍涉诸子,学问大进,而他研究最多的还是程朱理学。21岁时,王阳明根据从书上看来的朱熹格物之学(朱熹认为:一草一木,皆含至理)和一位钱姓朋友开始了第一次实践。他们格的是书院里的竹子。朋友早晚冥坐,日夜苦思,终无所获,到第三天因为用脑过度,朋友劳神成疾退了下来。而此时的王阳明是朱熹的忠实信徒,他认为,朋友之所以如此,完全是因为朋友精力不济所致。于是他开始了自己的格物之旅,而且这一格就是七天,虽然比朋友格的时间更长,耗费的精力更多,但七天之后王阳明照样一无所获,最后跟朋友一样,劳神成疾,在床上度过了一段时间。

这件事并没有动摇王阳明对朱熹之学的根本信仰,王阳明只是觉得圣贤难做"无大力量去格物了"。27岁时,当他读到朱熹的《上宋光宗疏》中"居敬持志,为读书之本,循序致精,为读书之法"的时候,依然击节赞赏。反思自己从前读书大抵囫囵吞枣,涉猎虽广,但未能循序渐进,所以收获甚少。于是一改前非,重新按照朱熹的说法,日夜勤学,苦读深思。一段时间后,王阳明发现自己虽然谨遵圣贤教诲亦步亦趋,但收获同样不多,而且早年格竹之时落下的旧疾偏偏又在此时复发，无奈之下王阳明不得已中止了这不成功的第二次尝试。

两次失败的经历让王阳明一度非常郁闷，他觉得圣贤有分，甚难学成，于是转而倾心佛老。

佛老在中国历史上一度是失意文人的最终寄托。早在江西南昌迎娶新娘的时候，某次出游，偶然听一位道士谈养生，王阳明啧啧称奇，心向往之。在冯梦龙的《王阳明先生出身靖乱录》我们还能看见道士的原话："道者曰'养生之说，无过一静。老子清净，庄子逍遥，惟清净而后能逍遥也'。"这样的话无疑让王阳明很受用，他甚至萌生了"遗世入山之意"。当他此时苦无所获，遭遇思想上的阻塞，泥滞不前后，自然而然地便想起了老庄。

1501年，王阳明30岁，奉命到江北审查案件。完事之后，他特意去游览了九华山，在山上他邂逅了两位异人。一位叫蔡蓬头，是位道士，好谈仙，名气很大。王阳明打算向他请教几个关于仙道的问题，但是蔡蓬头并不买账，只是很模糊地说了两个字："尚未！"王阳明不解，以为是他嫌自己礼节未到，于是屏退左右，退至后堂又问，蔡蓬头还是两个字"尚未"。王阳明大惑！请求再三，蔡蓬头才说："你的礼物隆重，礼节也十分到位，但是你终究忘不了平治天下，道不同不相为谋，我们没有什么好谈的！"这话一杆子捅到了王阳明心底最深处，王阳明大奇，二人遂一笑而别。

告别了蔡蓬头，王阳明又去寻访了九华山的另一位异人——地藏洞异人。相对于蔡蓬头，地藏洞异人似乎更为神秘，他住在人迹罕至的地藏洞里，坐卧松毛间，以生果为食，不食人间烟火。见到异人时，异人正在睡觉，王阳明只好在边上坐等了老半天。异人显然没有料到这么险要的地方还会有其他人来，醒来时突然发现旁边多出一个人，异人吓了一跳，问："道路如此之险，你是怎么来的？"王阳明说:"我是沿着绝壁爬上来的。"也许是被王阳明的诚心所打动,二人聊了很久,当王阳明问到何为学问中的最上乘的时候,异人道:"周敦颐、程颢是儒家的两个好秀才!"王阳明深有同感,点头称是,若有所悟地下山去了。

出入道观的同时,王阳明也游心于佛家。在《王阳明全集》中写于这一段时间的诗文有很多都与释氏有关。"月明猿听偈,风静鹤参禅。今日揩双眼,幽怀二十年","微茫竟何事,老衲话遗踪","一卧禅房隔岁心,五峰烟月听猿吟"。从这里可以看出他对佛老其实已不仅仅是心向往之了。

1502年夏天,王阳明回京述职。虽然已过而立,但王阳明求道之心依然,常常是白天伏案工作,晚上挑灯夜读。由于过度辛劳,原本就十分孱弱的王阳明病倒了,于是第二年,王阳明向吏部告假回乡养病。

回家后,王阳明修了后来著名的阳明洞,在里面潜行演习起道家的"导引"之术,甚至到了未卜先知的地步。有一次,他的朋友王思舆来看他,王思舆前脚刚出家门,王阳明就心灵感应一般把仆人叫到身边说,今天我有几个朋友要来,你替我去路上接一下!仆人按王阳明的吩咐出门不久,在路上果然遇见了前来探望的王思舆。仆人大为惊骇,于是把事情的来龙去脉给王思舆描述了一番,王思舆也觉得不可思议,称赞王阳明"真得道也"!这样的事情恐怕未必就是传闻,因为在有关王阳明的很多著述里都提到了他的先知先觉。

但是洞中的生活并没有因为有些离奇的先知先觉而增加多少乐趣。除了练习所谓的导引术外,王阳明无时不在思考着同一个问题:他到底该不该舍弃儒家的纲常人伦。假如他执意出世,年迈的祖父母又该做何安排?这个看上去很平常的问题对王阳明来说却是不平常的,对它的取舍其实奠定了王阳明以后的人生轨迹。如果说这次选择是一个圆心的话，那么王阳明以后的所有付出都只是围绕着这个圆心所做的周期运动。王阳明在洞中呆了一年，两股力量在王阳明心中也斗争了一年。突然有一天正在沉思的王阳明顿悟："纲常人伦终不可废！假如一意孤行，潜行山林，人与鸟兽何异？"这一想，王阳明毅然从洞里走了出来。

出洞后，王阳明把养病的场所搬到了风景如画的西湖。这段时间，他到处游山玩水，饱览西湖美景，出入大小寺院，但是他此时的心境跟几年前从朱熹之学中逃逸出来的时候已经完全不同了。有一次，在一座寺庙他见到了一位古怪的和尚。寺里的其他和尚说，这位和尚非常古怪，来寺里坐禅三年，既不睁眼看物，也不开口说话！让人琢磨不透。于是王阳明去拜见了这位和尚，一见面，和尚正在蒲团上打坐。王阳明冲着和尚大喝："这和尚终日口巴巴说什么，眼睁睁看什么？"和尚正在想事情，被这突如其来的一喝吓了一跳，于是开口说话。王阳明问："你家里还有没有其他人？"和尚说："有一老母尚在！"王阳明接着问："那你还记得她吗？"和尚说："始终忘记不了，所以痛苦！"于是王阳明给和尚讲了一通爱亲是人的本性的话，和尚满脸泪痕，哭泣不止。当天晚上就匆匆忙忙地打点行装连夜回家了。

听到和尚回家的消息后，王阳明笑了。这是会心的笑，他以自己的儒学修为帮助和尚战胜了心魔，其实这也是他在27岁后为朱熹之说所困惑而倾慕佛老到再次回归儒学后的首次胜利。第二年，王阳明感觉身体已无大碍，于是回京述职，同年应聘主持山东乡试。在策问中，王阳明直截了当地对佛道两家提出了批评："佛老为天下害，已非一日。"

到这里，王阳明学做圣贤算是告一段落。他按照圣贤的教诲尝遍了所有的成圣途经，甚至中途转向佛老，但最后他还是认为，儒学才是真正的圣贤之道。这让我们想起了他更名的故事，似乎那只是一场小规模的演习，而这次才是真正的战争。

学自己做圣贤

1505年，明王朝发生了一件大事。这一年，明孝宗去世，武宗登基。其时武宗刚满15岁，还是一个懵懂少年，不谙世事。朝廷大权主要控制在以刘瑾为首的宦官手里，刘瑾在明朝历史上是一个有转折意义的人物，是他亲手毁掉了太祖皇帝亲自题写的"内侍不得干政"的铁牌，开了明朝宦官专政的先河。刘瑾的专权让朝廷乌烟瘴气，这自然引起了朝野的不满。于是朝中以刘健为首的大臣们联名上疏，要求罢免刘瑾，还政武宗。结果刘瑾纹丝未动，刘健却被革职查办。南京户部给事中戴铣等上疏要求重新启用刘健，结果也被革职查办，解京下狱。朝臣接二连三的攻势不仅没能扳倒刘瑾，就连乃以自保的防御也被刘瑾瓦解。刘瑾力量之大可见一斑，得罪刘瑾无异于以卵击石。可就在这种情况下，王阳明依然不顾个人安危要求释放直言上疏的戴铣等人，结果可想而知。王阳明先是被廷杖四十，杖完之后又马上被关进了监狱。

老实说，王阳明并非看不透当时的处境，只是他学的是孔孟圣人之学。在他的老师那里，事情能不能成功并不是做一件事情的原始动力，很多时候是需要"知其不可而为之"的。孔门的高徒子路明知只身一人前往卫国营救卫王是羊入虎口，但毅然前往，而孔子的另一个弟子子羔却从卫国逃了出来。这里没有必要诉诸过多的道德判断，这里牵扯的只是何谓圣人之徒的问题。假如一个人连圣人之徒都不配做，他又谈什么成为圣人呢？

王阳明以自己的行动证实了自己才是真正的圣人之徒，但是他的付出无疑也是相当巨大的。在狱中呆了近一年，1506年，王阳明出狱，但出狱并不意味着噩梦的结束，相反一切才刚刚开始。

远谪龙场这实在是一件比入狱更令人恐怖的事情。古典名著《水浒传》里，某人要是捅了什么天大的篓子，比坐牢更大的惩罚大概除了杀头就是流放几千里。王阳明的这个远谪跟流放差不多。龙场在今天贵州省的修文县。贵州在当时还属于蛮荒之地。沿途多大山绝壁，其艰难困苦可想而知，更何况王阳明还上了刘瑾的黑名单，一路上到处都是刘瑾派去的刺客。到浙江钱塘时，王阳明甚至不得已"托言投江"然后乘船入海才逃得性命。

经过一年的艰难跋涉，1508年春，王阳明终于到达了贵州龙场。他的职务是龙场驿丞。龙场驿的条件比我们想象的还要艰苦。整个编制只有"驿丞一名，吏一员"。没有可居住的房屋，没有现成的炊具，再加上当地属于少数民族，语言不通，交流困难。四周更是崇山峻岭、瘴气四溢，同去的随从先后病倒。他们不但不能伺候王阳明的起居，相反王阳明还要去安慰惹上瘴毒的他们。任何困难对于王阳明来说都只是暂时的，它们不能阻止王阳明的前进就像王阳明不能阻止他们的发生。

远离了政治的风口浪尖，再加上驿丞一职相对清闲，王阳明有更多的时间去思考他的圣贤事业。刘瑾一事，王阳明收获颇多，他自觉已经摆脱了人生的荣辱得失，但生死一事却始终未能放下。他常常扪心自问："圣人至此，更有何道？"这样的思索最终促成了他的质变。据《王阳明先生年谱》记载，一天半夜，躺在床上的王阳明顿悟："圣人之道，吾心具足。"接着王阳明用自己脑袋中所能记忆的儒家经典对这一命题进行了反复论证，发现无不吻合，于是大通。这是一个很重要的转折，因为在这之前，王阳明都是从别人那里去学圣贤之道，而这时，他开始转向于自己的内心。他发现一切的圣贤之道，其实自己的心里早就具备了。"心即理"，于是他开始了漫长的

向自己学圣贤的道路。

沿着这条线索,王阳明开始扩大和丰富自己的学说,但是远离中原的境遇,让他归思难断,驿丞过于清闲的职位也让他缺少实践的机会。到贵州两年后,1510年,在与刘瑾集团的斗争中,朝臣逐步取得主动,于是这一年,作为曾经的反刘先锋王阳明也由龙场驿丞升任江西庐陵知县,这让他获得了难得的实践机会。

在王阳明之前,庐陵的地方秩序相当混乱,等待处理的案件堆积如山。王阳明到任后,采取攻心为上,刑罚为辅的策略,逐步理清政权结构,建立地方保甲制度。同时对民众晓以大义,兴办社学,选择有威望懂礼仪的地方贤达劝谕本地。经过这一番整顿,庐陵地方为之一变,百姓安居,治安良好,本来堆积如山的案件到这时已经是"囹圄日清"。这可以说是王阳明心学的第一次实践,虽然此时王阳明心学还没有形成完备的体系,但是他采取攻心为上的策略,无疑取得了初步的成功,这坚定了王阳明在龙场的顿悟。

在庐陵没呆多久,1510年的八月,刘瑾垮台,刘瑾本人也被抄家凌迟。当初因言事得罪刘瑾的人全部获得了平反昭雪,王阳明的政治生涯出现了转机,同年十二月,王阳明升任南京刑部主事。第二年随即调往北京担任吏部主事。1512年升任南京太仆寺少卿,1514年又升任南京鸿胪寺卿,1516年王阳明任都察院左佥都御史,这时的王阳明已经是一个正四品的京都大员了。在这顺风顺水的六年中,王阳明的心学思想进一步完善。同时,由于他的讲学,也让他的思想为越来越多的人所知晓。

升任都察院左佥都御史后不久,王阳明被派往巡抚南、赣、汀、漳等地。当时江西民变屡屡发生,王阳明此行的目的便是处理民变,平定各地的叛乱。这对于王阳明来说,实在是一次再好不过的实践机会。如果说当初在江西庐陵担任知县是小试牛刀,成功与否并无多少妨碍的话，这次却是要真的烹羊宰牛了，不成功就很可能要被逼着成仁了。

南赣等地的武装叛乱已久，起事者占据有利地形，依托地势，出入随意，进退自如。官军往往"见其头而不知其尾，见其尾继而难寻其头"。对于这样的武装，不施加重兵，要想平定几乎是不可能的。但是如果施加重兵，在崇山峻岭之间又难以施展，况且"兵多必滞"，反应迟缓，到时候恐怕不仅不能成功平叛，甚至连朝廷也会被拖入战争的泥潭。针对这样的情况，王阳明采取了与庐陵同样的办法。他先从整顿地方政权下手，然后采取剿抚结合，攻心为上的策略，有计划有目的地逐步推进。不到一年，王阳明平定了南赣等地的叛乱。这次实践使他进一步意识到"心"上功夫的重要。也就是在这次征战中，他提出了著名的"去山中贼易，去心中贼难"命题。对叛乱者，王阳明通常都是晓之以理，动之以情。"人之所共耻者，莫过于身被为盗贼之名；人之所共愤者，莫过于身遭劫掠之苦。今使人骂尔等为盗，尔必愤然而怒；又使人焚尔室庐，劫尔财货，掠尔妻女，尔必怀恨切骨，宁死必报。尔等以是加人，人岂有不怨者乎？人同此心，尔宁独不知？"这样的文字功夫也不单单是做在表面，很多时候往往能达到不战而屈人之兵的效果。如武装首领卢珂经晓谕后，"即率众来投，愿以死报"。

从最后的结果看，王阳明的此次实践无疑是成功的，但更大的挑战还在后面。正德十四年（1519年），福建发生兵变。王阳明奉命前往勘查，刚走到半路，就传来了宁王朱宸豪叛乱的消息。宁王受封江西南昌。久怀异心，暗地里招兵买马，后来被朝廷探知，于是索性以得太后密旨的名义"起兵监国"。王阳明闻变，半路折回。当时的情况十分危急，宁王拥兵十万，而且所战皆捷，连克南康、九江，气势很盛。王阳明赶到的时候，宁王正在率领大军围攻安庆，企图直指南京。正式接战之前，王阳明开了一个会，会上军官们都倾向于前往安庆，以救宁王围城之急。但是王阳明却力排众议，他认为，应该采用围魏救赵的策略直捣宁王老巢——南昌。南昌被围，"宁王必回兵救之"，而安庆之围自然解。果然不出王阳明所料，当宁王得知王阳明正连夜急行军赶往南昌时，匆忙之中便从安庆撤军救援南昌。几天之后，两军相会于鄱阳湖。鄱阳湖是我国最大的淡水湖，湖面辽阔，宜于水战。还没正式开战，王阳明又开了一个战前的军官会，由于双方兵力悬殊，会上军官们都建议以牵制为主，坚壁不出，徐图进退，等待朝廷的救援大军，然后众人合一，一举歼敌。王阳明却认为，宁王虽然人多马壮，但现在向前围攻安庆受挫，退后回师救援南昌又不能，反复行军，气势已动，假如趋兵进击，必不战自溃。事情的发展果然又同王阳明讲的一模一样，短短不到一个月的时间，王阳明就以少得可怜的兵力平定了这场震惊朝野的"宁王之乱"。

"活捉宁王"是王阳明一生实践的顶点，这件本来可以成就他不世之名的大事，在当时却没能给他带来多少好处。相反，这此事件让他在继刘瑾之乱后再一次体会到了世事的艰难。因为他遇到的主子不是别人，而是那个在明朝历史上出了名的混账皇帝——朱厚照。当听说宁王叛乱后，自恃武功第一的朱厚照便忙不急待地任命自己为威武大将军兼镇国公前往讨逆。朱厚照还没到南昌，王阳明那边生擒宁王的捷报已经传来。这让朱厚照有些不爽，自己不能出来一趟没半点收获吧，于是不顾捷报继续前进。王阳明上疏谏止，朱厚照未加理会，随行的官员居然给王阳明开出了把宁王放回鄱阳湖，然后等皇上再捉一回的方子。这种把治国当成过家家的幼稚想法王阳明自然无法接受，于是他星夜兼程，把宁王交给了皇上的随行官员，自己则干脆称病不出。

正所谓，名满天下，谤亦随之。王阳明的旷世奇功给王阳明惹来了不小的麻烦。皇上带去的军队，无事可做，再加上被上司蛊惑。常常莫名地挑起事端，动不动就在街上肆意谩骂，矛头当然是直指王阳明。尽管如此，王阳明依然待之以礼，并晓谕民众，尽量避免和军队的冲突。这样的冷处理让事态逐渐趋于稳定。但是为首的军官依然不服，他们心想，王阳明一个身体孱弱的读书人，骑射肯定不是强项。于是便在某天，集体向王阳明下了关于骑射的挑战书，想出出王阳明的洋相。谁知，王阳明早年的时候就精于此道，年轻的时候甚至有过从军报国、马革裹尸的念头。王阳明三箭全中，而且皆中靶心。

这让军官们很是气恼，但士兵们却对王阳明大加敬仰，所谓的儒将大抵也就是这个模样。军心思动，军官们也没有什么更好的办法，只能班师回朝。但是事情并没有就此结束。一到南京，军官的首领就向朱厚照报告了一个惊人的消息——王阳明必反。并且说，假如现在召王阳明进京，王阳明必定不敢前来。造反一事事关重大，朱厚照宁可信其有也不敢信其无，只得召见王阳明。王阳明本来就没想过造反的事，清者自清，便坦然踏上了面圣的道路。但是军官们的纠缠并没有就此罢休，如果王阳明真的能够跟皇上见了面，那么他们的谎言无疑将不攻自破，甚至有可能被治以"欺君"的罪名。于是，他们联合起来把王阳明阻在了芜湖，王阳明无奈，只得逃到了九华山。

这一段经历跟当初的刘瑾之乱比起来或许各有千秋，但这无疑也是王阳明一生的低谷。在九华山期间，王阳明的心情可想而知。"百战归来一身愁，可看时事更愁人。"对世事的认识，艰险与矛盾并存，使王阳明的心学有了进一步的发展。平定宁王的艰难，受困于小人的无奈，自己的付出与遭受的猜忌，让他感慨良多，很多看似不合理的事情就这么实实在在地发生了。这样的结果无论当时多么怆然，但终究需要给内心一个交代。于是沉湎于"成圣"的王阳明提出了"致良知"的著名理论。一个人活在世上，常常会遇到很多不合理的事，这时，人需要秉承自己的是非之心，按照心之所向，不为外物所动。该怎么做还怎么做，该说什么还说什么，沿着自己内心的指引继续前进。《传习录》中记载有这样一件关于"致良知"事。一天王艮出游归来，王阳明问这个大弟子："外出一趟你都看到了什么？"王艮说："见满大街走的都是圣人。"王阳明对这个回答颇为赞许地说："你见满大街的都是圣人，满大街人看你也是圣人。"从王阳明的心学出发，只要努力地去"致良知"，人人都可以成圣！

宁王之乱后，王阳明已经是48岁的小老头了。1521年，混迹多年的王阳明回到故乡，这一年他50岁。他开始抛弃政治上的诸多纷扰而专心讲学。宋明时期读书成风，王阳明在当时的文化圈名气很大，弟子众多。"环先生而居者比屋，如天妃、光相诸刹，每当一室，常合食者数十人；夜无卧处，更相就席，歌声震昏旦。南镇、禹穴、阳明洞诸山远近寺刹，徒足所到，无非同志游寓所在。"

终成圣贤

虽然已经远离了政治的风口浪尖，但是对王阳明的毁谤却一日没有停止过。心学的广泛传播引起了其他儒家学者的不满，御史程启充，给事毛玉上疏弹劾心学为"异学"。这是一顶不小的帽子，其性质就跟今天的"恐怖组织"、"邪教"差不多。但是面对这样的无端指责，王阳明并没有表现出任何的过激之处，甚至当他的门生打算为他上疏申辩时，王阳明也及时地加以劝止。"无辩止毁"，这是王阳明对弟子的告诫，这样的告诫也是符合他的心学思想的。当一个人为人做事已经完全秉承于内心的"良知"的时候，外界的一切对于他又会有何干扰呢？

在这里，"良知"成为了本体，构成了圣贤的依据，而"致良知"则意味着这个漫长的成圣过程。但是，"致良知"就像一味强心剂，它可能帮人们走出无边的困境，也可能让人由"良知"而走向过分的自我中心。于是，晚年的王阳明在"举世非之"的情况下，开始了对自己学说的修正。不断的非议不可能对王阳明的内心毫无触动，再加上年事渐高，王阳明早年的锐气开始消减，这个时候的他更加向往的是相互理解、相互沟通、相互同情，所以这个时候的王阳明自然而然地提出了"万物一体"的理论，这个理论既是对"致良知"的修正，也是对他晚年所倾慕的理想境界的表达。

王阳明是有能力的，国泰民安的时候可能朝廷不会想起他，但是一旦出现混乱，他总是朝廷的不二人选。1527年，广西少数民族起事叛乱，王阳明又奉命踏上了前往广西的征程。王阳明还是那个王阳明，他的策略和从前一样，结果也一样。不战而屈人之兵，朝廷原以为可能引发大规模流血冲突的对抗最终被王阳明的心学所瓦解。时人对此评价颇高，"今守仁不杀一卒，不费斗米，直宣扬威德，遂使思、田顽叛，稽首来归。虽舜格有苗，何以过此。"在中国历史上，舜是完美人格的化身，把王阳明和舜相提并论，可见王阳明在时人心中的分量。从早年的对成圣的思索，到青年时期向外界寻求成圣之路，再到中年自己对成圣的探索，到现在，王阳明应该说已经完成了自己的成圣之途。

1528年在平定思、田叛乱8个月后，王阳明炎毒日盛，卧病南宁。王阳明自知归期不远，于是还没等朝廷的批复下来就踏上了归途，十一月二十五日，王阳明越过广东的梅岭关到达江西地界的南安府。时任南安府推官的阳明门人周积出来相迎。二十八日，坐船到青龙铺，二十九日，王阳明病情加重，王阳明也自知不久于人世，对周积说："吾去矣！"周积强忍住巨大的悲痛问："先生还有何遗言？"王阳明笑了笑说："此心光明，亦复何言！"不久溘然长逝。享年57岁。

宽以待人娄师德

> 有人朝你的脸上吐口水,你不能愤怒,也不能擦拭,你要让他自然风干……唐人娄师德意味深长地对弟弟说。

武则天多疑,终其一朝,文臣武将能够善终者甚少,而娄师德却基本保持了终身不败。为官五十五载,享年七十余,当面、背地、生前、死后说他坏话的几乎一个没有,做人做到这份上也算是出类拔萃了。究其原因,其实就四个字——宽以待人。

有一年,天下大旱,娄师德奉朝廷之令跑到陕县去视察工作,当地的官吏为了奉承他,给他上了一大锅羊肉。而根据当时的法令,天下大旱之际为了表示求雨的诚心,全国禁止屠宰。于是娄师德责问上菜的厨子道:"你们为啥杀羊?"厨子也还算机敏答道:"不是杀的,是豺狼咬死的。"娄师德笑了笑说:"这只豺狼倒蛮懂得礼节啊。"不一会儿,厨子又端上来一盘红烧鱼。娄师德又问,因为刚才说得顺溜了,这次厨子不假思索随口就说:"也是被豺狼咬死的。"这话让陕县当地陪同的官员捏了好一把汗,要知道,违背朝廷命令,私自开禁是要丢帽子,掉脑袋的,豺狼咬死鱼更是闻所未闻。谁知,娄师德听了不怪反笑道:"真是服了你!难道不是水獭咬死的?"话里不仅毫无深究之意，相反还从另一侧面点醒了在场的官吏，其为人宽厚可见一斑。

但这种处事方式不明内情的人却常有想法，名相狄仁杰就是其中之一。他觉得娄师德不过是个普通武将，靠谨慎小心一步步往上爬，没什么实际能耐，于是在自己任宰相之时，一再排挤他。娄师德却不紧不慢，依然很平和地与之相处，既没有因为这事跑去巴结奉承谁，也从不利用自己老臣的身份在皇上面前诋毁谁。武则天察觉后，便把狄仁杰单独召到便殿询问："娄师德贤惠否？"狄仁杰说："他为官谨慎有余，贤惠与否，没听说过。"武则天又问："那他知人否？"狄仁杰说："我与他同朝为官多年，从来没听人说过他知人。"狄仁杰话里的意思很明显——他并不认可娄师德。武则天听了笑着说："我之所以用你为相正是因为娄师德在背后力荐。"说完，随手拿出以往娄师德推荐狄仁杰的奏章。狄仁杰看后，十分惭愧，叹息说了句："娄公盛德，他如此包容我，我却反而排挤他，我不如他实在是太远了！"

不过娄师德最著名的故事还是"唾面自干"。娄师德弟弟被安排到地方为官，来给哥哥辞行。娄师德问他，你知道我们兄弟为什么能有今天的成就么？弟弟说，凡事谨慎，步步为营。娄师德说，很好，那你到了辖地之后你打算怎么做呢？弟弟说，宽以待人，不与任何人为敌，就算有恨我的人朝我脸上吐口水，我也不生气、不还嘴，自己轻轻擦拭干净就是了。按说，这番话深得宽以待人的精髓。但谁知，此话一出，娄师德大惊道，如此，汝有杀身之祸耶！弟弟一头雾水，娄师德随即亮出了自己的观点，不擦，自干，如何？弟弟听后深为叹服。娄师德解释道，朝你脸上吐口水，说明那人恨你，你又将口水擦去，说明你也恨那人。这样，梁子就结下了。冤家宜解不宜结，现在年月，兵荒马乱，多个朋友多条路，少个冤家少份忧，你说呢？

"盗"亦有道

> 强盗在你不知道的时候比你知道的文人还儒雅。

时下社会涌动着一股怀旧潮,怀念过去的大学,怀念过去的学者,甚至于怀念过去的生活,但就是没有人会怀念过去的"盗贼"。诚然,行窃偷盗一不光彩二非好事。但如果做"盗贼"能够做到至情至真,偶尔其实也会散发出一股芳香的味儿。

中国是几千年的文明古国,年长月久几乎任何东西都形成了一套自身的逻辑,盗贼也不例外。《庄子》里有个故事,有一次强盗问他们的祖师爷柳下跖:"盗亦有道乎?"柳下跖先是反问:"怎么会没有道呢?"然后说:"能够猜出屋内所藏的财务,这就是圣;在偷盗之前能够一马当先,这就是勇;偷盗完后,最后一个离开,这就是义;知道偷盗能否成功,这就是智;成功后能把赃物均分给手下,这就是仁。此五者不备,而想成为大盗,普天下还没有这样的事。"老实说来,柳下跖这番肺腑之言应该算作盗贼理论的开山之作,而且还是扛鼎之作,后世几千年柳下跖的徒子徒孙们想做出点成绩的基本上都逃不出这个藩篱。因为任何一个职业或者说行业都必须有它内在的规矩,一个毫不顾及规矩而胡来的人是必定要受到其他同行排斥的。

同样，在顾及了自身行业的规矩之后，作为人类的一员，任何职业都还会牵涉到人类一些普世的准则，如扶贫济困，尊老爱幼等等。清代大才子纪晓岚就在其著作《阅微草堂笔记》里借他人之口把这道理说了一番："献县李金梁、李金桂兄弟，皆剧盗也。一夕，金梁梦其父语曰：夫盗有败，有不败，汝知之耶？贪官墨吏，刑求威胁之财；神奸巨蠹，豪夺巧取之财；父子兄弟，隐匿偏得之财；朋友亲戚，强求诈诱之财；黠奴干役，侵渔乾没之财；巨商富室，重息剥削之财，以及一切刻薄计较、损人利己之财。是取之无害。罪恶重者，虽至杀人，亦无害。其人本天道之所恶也。若夫人本善良，财由义取，是天道之所福也，如干犯之，事为悖天，悖天终必败。"

千万别以为这些只是某些别有用心的人喝醉酒时放在嘴上胡侃的理论，其实在历史上的确还有很多照着这些理论身体力行的盗贼。

西汉末年，烽烟四起，饿殍遍野，流寇所到之处杀人如麻。一天，河南农民蔡顺在捡拾桑葚时被一股流寇抓住，流寇本打算活剥了这个这个其貌不扬的老实农民，但这时，流寇首领突然发现蔡顺捡拾桑葚跟别人很不一样，因为别人捡桑葚一般只用一个篮子，而他却用两个，一个装熟透了的紫色的桑葚，一个装还没完全成熟的红色桑葚。首领很奇怪问为何如此。蔡顺答，红色自食，紫色的用来供奉老母。这句话把首领感动了，于是首领下令把他放了，并赠送给他三斗白米，一头牛以示敬意。（《二十四孝图》）在这里除了应感叹蔡顺之教外，其实我们也应该对这位首领表示一点敬意，因为至少他还没有沦落到十恶不赦的地步，起码他还知道什么是孝，还能为别人的孝所感动。

宋人所写的《唐诗纪事》也有个类似的故事。中唐时，太学博士李涉前往江西九江看望他在那里当刺史的弟弟。过江时，遇到了一伙打劫的强盗。强盗很嚣张地开口就问："船上所坐何人？"李涉的跟班壮起胆子答："是李博士。"这时，强盗的首领说："既然是李博士，那我们就不抢了，久闻博士大名，今天就请博士给我们题一首诗吧。"于是李涉泼墨挥毫写了一首至今还时常被人提起的诗，"春雨潇潇江上村，绿林豪客夜知闻。他时不用相回避，世上如今半是君。"强盗们得诗，如获至宝，再三拜谢而去。如此尊重知识分子的强盗实在是值得称道。

除了尊重知识的，还有尊重女性的。上世纪三十年代，西南大凉山就有那么一个可爱的劫匪因为尊重女性反被自己的抢劫对象忽悠了一把。一天，在回家的路上，一位姑娘被一"刀匪"（持刀的兼职土匪）拦住，姑娘说，我没有钱。刀匪说，那么，你把你身上这条新裤子给我。姑娘说，我一个姑娘家不穿裤子四处溜达被人看见有伤风化。刀匪说，那好办，我把我这条破裤子换给你。姑娘说，好。但有个条件，脱裤子的时候，你必须转过身去。刀匪同意了，于是转过身把裤子脱了递给姑娘……结果，刀匪等了老半天，还没见姑娘有动静，再次转过身时，哪里还有个姑娘的影子。（《为什么去中国——1923~1950年在中国的回忆》）联想起现在为了一点子虚乌有的钱动不动就砍手杀人的强盗，真是替他们汗颜。

一个汪精卫和两首诗

> 评价汪精卫的一生，只要读两首诗就够了。

"慷慨歌燕市，从容作楚囚。引刀成一快，不负少年头。"（《被逮口占》）这首诗豪气干云、慷慨激昂，让人不寒而栗。但你可知道，这首诗的作者居然是臭名昭著的"大汉奸，卖国贼"汪精卫。

老实说，《被逮口占》写得不错，用情至真至深，跟谭嗣同题在刑部大牢墙壁上的那首"我自横刀向天笑，去留肝胆两昆仑"有得一拼。况且写下这首诗的时候，汪精卫比年轻的谭嗣同还年轻，27岁，花一般的年龄。如此年纪汪精卫已然是革命党的中坚，孙先生的臂膀。一个坚定的革命者，脑袋里充斥着"我以我血荐轩辕"的救世理想。诗中挥洒的一腔热血，以及酣畅淋漓的决绝之意，让他一下子成为万千青年心中的偶像。

20世纪初的中国烽烟四起，以孙中山为首的革命党人先后在全国各地发动多次武装起义。其中以1906年的萍浏醴起义声势最为浩大，战果也最为辉煌。这次起义曾使革命党人为之振奋，但是接下来的数次起义无一成功，特别是云南河口起义失败后，革命党人中间出现的悲观情绪更是迅速蔓延，整个革命党沉浸在一片"有心杀贼，无力回天"的消极氛围中。偏偏屋漏偏逢连夜雨，机关报《民报》被查封，同盟会的内部出现分裂。以章太炎、陶成章为首的一部分人污蔑孙中山贪污革命经费，在同盟会内部掀起了"倒孙"运动，并重新以"光复会"的名义开始活动。外忧内患，一败一封一闹，同盟会人心惶惶，很多同盟会员状态低迷，情绪异常。

这让此时已为革命党领导核心的汪精卫甚是沮丧。多方思索之后，他决定效仿吴樾壮杀五大臣，徐熙麟安庆刺巡抚，"藉炸弹之力，以为激动之方"。坚定的革命者必须用自己的血来唤起同盟会的新生。

1909年冬，汪精卫携带爱慕者陈璧君由港入京，与先期前往的黄复生、喻培伦等会合。临行前，抱定必死之心的汪精卫把遗书都写好了"今者将赴北京，此行无论事之成否皆必无生还之望"，"弟虽流血于菜市街头，犹张目以望革命军之入都门"（《告南洋革命党人》），让人心生敬仰。

到北京后，一行人以经营照相馆为幌子在琉璃厂附近找了家门面安定下来，一面密切注意京师大员动向，一面开始制订暗杀计划。他们最先瞄上的目标是庆亲王奕劻，可奕劻的防守太严密，难以得手。后来他们又打算刺杀刚从欧洲考察回国的贝勒载洵、载涛。但当他们提着准备好的炸药罐来到车站时，他们被眼前的景象惊呆了，由于前往迎接的官员太多，站台上一片望不到尽头的红顶子海洋。直到这时，这群执着的革命党人才突然想起，他们压根就不认识载洵、载涛，刺杀一下没了对象，只得作罢。

两次刺杀未遂，汪精卫有点沉不住气了。几个人小组会议一合计，最后决定干票大的，擒贼先擒王，刺杀摄政王载沣，载沣是溥仪的亲父，当时的实际掌权者，有实无名的皇帝。他的安保措施绝不可能亚于庆亲王奕劻。如果炸弹威力不够，不仅事情不能成功，很可能连自己也得搭上。所以要想刺杀载沣，当务之急是要有一个威力巨大的炸弹。于是汪精卫派黄复生向骡马市大街的铁匠定制了一个巨无霸级的大铁罐，直径一尺二寸，高近一尺，可装炸药四五十磅。一切准备妥当，暗杀计划开始全面实施。

1910年3月31日晚，汪精卫等人把装满炸药的大铁罐用照相的遮光布包好，乘坐一辆骡车来到预先选好的地点。预备把铁罐埋在载沣早上上朝必经的桥下，然后瞄准时机，用电引爆。

到达后，黄复生和喻培伦按照事前的安排跑到桥下挖坑，汪精卫则负责警戒。黄、喻二人刚准备动锄头，却不小心惊动了周围住户豢养的狗，一时犬声四起，工作无法开展，只得另选时日。第二天晚上，二人按要求继续作业，因为前次的教训，这次二人格外小心，事情的进展也出乎意料的顺利，但临到接线的时候，问题又来了，他们原打算用来引爆炸药的电线太短了，实施爆炸者完全没有地方隐蔽，只好再次放弃，汪精卫临时决定等天明购得铜线后再另做打算。时间到了第三日夜，当二人再一次去铺设电线时，有人发现了他们。发现他们的是一个车夫，住在附近，妻子三日未归，他怀疑妻子与人通奸，听见桥下有响动，就打着灯笼出来了，在桥下，车夫没看见人却发现了一个从未见过的大铁罐。车夫想想觉得蹊跷，就报了官。

官府也没见过这样的大铁罐，一时也拿不准是干吗用的？于是就请了日本和美国的专家。日美专家经仔细辨认后指出了这是颗自制的威力巨大的炸弹，可以填装四五十磅炸药。当听说这是在摄政王每天必经之路上挖出来的时候，在场官员都意识到了事件的严重性，四下一片哗然。

根据大铁罐上的牌记，负责调查的官吏很快就找到了当初黄复生定制铁罐的那家铁匠铺。根据铁匠铺老板的口供，一行人又很快找到了汪精卫等开的照相馆。

此时，喻培伦已先期赴东京，陈璧君也已下南洋，所以当时被抓的只有汪精卫和黄复生二人。汪精卫自料必死，于是写下了文章开篇提到的那首五言绝句，一时广为传诵。

按通例，行刺亲王一级的高官罪该问斩，但在如何处理二人的问题上，清政府却一时拿不定主意。最后还是被刺杀的对象摄政王载沣给处理定下了基调："我国正预备立宪，该生等系与政府意见不合，实不知朝廷轸念民庶情形，宜以渐进，徐图改良国政。该生等躁急过甚，致陷不轨之诛，日后当知自误也。此与常罪不同，为国椎罪，宜从宽典。"就这样4月29日，汪精卫等被清廷判决终生监禁。听到判决，很多人都为汪等高兴，而汪本人不喜反悲，特做诗一联以言志"一死心期殊未了，此头须向国门悬"，并在服刑期间多次自杀，未遂。

一年之后，革命形势风云突变。1911年10月10日武昌起义爆发，各地党人群起响应，清政府穷途末路，日薄西山之际，黔驴技穷的他们最后想出了一条老祖先常用的办法，皇帝下罪己诏，然后宣布大赦天下。于是这一年的11月6日，汪精卫被开释出狱。据当时的报纸说，汪精卫出狱的当天，刑部大牢门前挤满了前来目睹这位革命英雄的普通群众，人们对他们心中的偶像报以由衷的敬意和雷鸣般的掌声。

汪精卫也一下子声名鹊起，蹿升为与胡汉民齐名的孙先生的膀臂。孙中山死后，更是以元老的身份与蒋介石、胡汉民并称为国民党内的"三驾马车"。

但世事的变迁耐人寻味，谁都不曾想到，二十年后的某天，这位曾被千万人景仰的偶像竟然会沦落到过街老鼠人人喊打的下场，汉奸、卖国贼，人人得而诛之。他早年的革命经历更是微妙地成为天然的反面教材，他在狱中所写的那首曾经激励过无数人的诗也突然不再光鲜。1939年,上海《大美晚报》在副刊刊登了一首署名陈剑魂的《改汪精卫诗》,全诗在汪精卫《被逮口占》的基础上每句各加二字,而境界迥异,令人拍案叫绝。"当时慷慨歌燕市,曾羡从容作楚囚。恨未引刀成一快,终惭不负少年头。"

人生两重天,汪精卫的一生在这两首诗上表现得淋漓尽致,短短二十年,如此巨大的反差,似乎每个人都应该从这件事上收获些什么。

字　说

> 如果你问英国人，太阳为什么是sun，他肯定答不上来；同样的问题假如你问中国人，估计只要上过学的都觉得你挺无聊。记得小学一年级刚识字那会儿，老师就不厌其烦地说，日最初是一个带点的圈，圈代表太阳，点代表太阳中的阴影。后来随着书写介质的变化就逐渐演化成了今天的样子。

解字趣说

上世纪30年代，陈寅恪在读过沈兼士《鬼的原始意义试探》后，遂致函沈氏："依照今日训诂学之标准，凡解一字，即是作一部文化史。"

陈寅恪说得没错，因为从每一个方块字的形状组成和演变上，我们都可以读出很多独特而湮灭的信息。所以大凡有点文化的中国人都热衷于解字，早在东汉时期，著名学者许慎就写出了我国的第一部字书——《说文解字》。在书中，许慎对当时能够收集到的9353个汉字，一一做了关于字体来源的解释。

不过需要指出的是，尽管许慎的尝试具有伟大的划时代意义，但他对很多字的解释却常常刻舟求剑，如我们经常提到的"王"。可能很多人想过，这个可做姓氏，可指地位的字为什么是三横一竖，而不是其他的样子。许慎认为："王，天下所归往也。董仲舒曰：古之造文者，三画而连其中谓之王。三者，天地人也，而参通之者，王也。"意思很明显，三横代表的乃是世界上最尊崇的三种事物——天、地、人，而中间的小竖线则代表对三者的参悟贯通，然后能达到如此境界的人自然就是当之无愧的王。

许慎的说法听上去颇有道理，所以存在很大的迷惑性，但如果我们细究比东汉更早的金文，甲骨文，就会发现"王"字原来并非三横一竖，而是别的形状。那么，许慎的解释无疑就只能是主观臆测，凭空捏造。

这样的错误，许慎犯过，王安石也犯过。

《宋史·王安石传》说，王安石曾作有一本解字的书，名字叫《字说》，其内容"多穿凿附会"，往往经不起推敲。

南宋罗大经《鹤林玉露》说，苏东坡对王安石的《字说》颇不以为然，有一次他问王安石："为什么波字左边一个三点水，右边一个皮？"王安石几乎没作任何思考随口就答："从水从皮，波者水之皮也！"苏东坡一听，故作恍然大悟状道："那滑字岂不成水之骨了！"

还有一次，王安石那段时间对"飛"字的写法颇感费解，以至弄得茶饭不思。夫人实在看不下去，就问他何以这样？是不是病了？王安石说，自己没病没痒，就是一直弄不明白"飛"字为什么会是那样的形状？夫人救夫心切，急中生智道："这有何难，不过是鸟爪从地面升起罢了！"王安石一听，连连点头称是。（《独醒杂志》曾敏行）

凡解一字，即是作一部文化史

这些都只是文人雅士闲常时的谈资，真正的解字其实远没有上述的戏谑，不然，被现代人称为"大师的大师"的陈寅恪也不至于说出"凡解一字，即是作一部文化史"这样的话。譬如法律的"法"字。

法的繁体为"灋",由"去"、"廌"、"水"三部分组成。去即祛除、清除,意为把不合理的清理干净,代表了法律的目的。

"廌"念zhì,是一种上古神兽,能分辨是非曲直,也叫獬豸。传说尧的刑官皋陶养了一只獬豸,每当遇到疑难案件不好判决的时候,皋陶就会让獬豸来帮忙裁决。于是后来,獬豸就逐渐演化成了执法公正的象征。那么"法"字为什么会从水呢?

在世界很多民族的记忆中,人类无不是从大洪水开始的,像希伯来经典《旧约·创世纪》,以及古巴比伦的最早文献《吉尔伽美什》,等等。中国的早期文献《尚书》中也曾反复提到过"洪水滔滔"。对于先民,这种恐怖到令人窒息的洪水就是他们的最初记忆。心理学家说,对未知物的恐惧很容易转化成敬仰,所以每当先民们遇到争讼无法解决的时候,就会跑到水边请求神的示意。

《周易·需卦》上说"有孚,光亨、贞吉,利涉大川",翻译成现代文就是,如果对俘获物的所有权发生争议,那么双方可以用跳入大河的神明判决手段来裁断是非。这真是一种令人难以置信的方法,但对于先民,他却是真实存在的。

后来随着生产力的发展,人类治水取得了一定的成绩。于是,治水英雄逐渐取代了水的地位,成为人们新的敬仰对象,继而在人们遇到争端无法解决时就会找到他们信任的英雄。《周易·讼卦》说:"有孚,窒惕,中吉、终凶,利见大人,不利涉川。"意思很明显,以后如果还遇到跟上面类似的情况应该去请求"大人",而不应该再采用跳入大河的方式了。

从以上对"法"的解读,我们可以清晰地看到古人对世界的认识过程,难怪陈寅恪会说"凡解一字,即是作一部文化史"。

章太炎VS梁启超

> 我一招大师风范的万佛朝宗,你却一招低三下四的猴子偷桃,大师与大师的过招本身就是一场行为艺术。

说到近代中国,章太炎和梁启超都绝对是绕不开的人物。二人有着相同的气质,在那个多难的年代都一时引思想界之潮流,而且二人还有着相似的身份和经历。如同样是研习古文,同样是国学大师,当年清华拟建国学院的时候,胡适向校长曹云祥推荐的三个人选中就是章梁二人再加上个曾为帝师的王国维。再如同样开堂授徒,同样是门生故旧遍天下,两门弟子中也都有很多为后世敬仰的大家,章门的鲁迅、周作人、黄侃、马叙伦、沈尹默;梁门的徐志摩、谢国桢、蔡锷等,不一而足。

另外二人也都是靠笔杆子起家,梁启超早年在京沪两地随恩师康有为办报,因倡导维新而闻名宇内;章太炎也同样因后来在同盟会机关报《民报》鼓吹革命而蜚声海外。不过,这一次章太炎的成名有点不"厚道",因为他脚下踩着的正是梁启超的尸骨,这也成了二人一生交恶的肇始。

同志？对手？

最初，章太炎躲在杭州的书斋里师从经学大师俞樾专治朴学（俞樾即后来著名学者俞平伯的祖父）。1894年甲午中日战争的炮声把年轻的章太炎从故纸堆中惊醒。

同当时成千上万的年轻人一样，"公车上书"的导演康有为成了初出茅庐的章太炎的偶像。次年激进的章太炎就从杭州寄去了十六元钱要求加入康有为在上海创办的强学会，并最终成为了名副其实的"康党"。在上海期间，他结交了很多维新界的朋友，如谭嗣同，唐才常，并有幸结识了康门的首席大弟子也就是后来跟他闹得不可开交的梁启超。

与梁发生争执前，二人有过一段幸福的蜜月期。同样擅长笔墨的章太炎曾在梁启超主持的维新派报纸《时务报》中担任编辑。但是不久因对孔教存有不同看法，章太炎和康、梁门人发生肢体冲突，继而重返杭州。1898年戊戌变法失败后，清廷一道海捕文书，章、梁都被迫流亡日本。在日期间，章太炎一度跟梁启超过从甚密。还是在梁的介绍下章太炎才得以同后来被称为"国父"的孙中山结识，与孙中山的频繁接触让章太炎逐渐跳出了维新的藩篱，而渐趋革命，并最终跟维新派，跟梁启超分道扬镳。

革命？维新？

章太炎公认最著名的文章是发表于1903年的《驳康有为论革命书》，在那篇与维新派彻底划清界限的文章中，章太炎直斥自己曾经追随过的导师康有为"舞词弄扎，眩惑天下"，令人大呼过瘾。章太炎也因此而扬名。不过其最大的功绩恐怕还是1906~1907年间与梁启超的那场论战。

革命和维新本来就是两条水火不容的路，他们之间没有也不存在调和的可能。如果说在19世纪末，维新还不失为一剂救国救民的良药的话，那么到了20世纪初，维新就已经沦落成了110米栏。几乎所有的有识之士都认为中国要想走得更远走得更快，就必须越过它。章梁之间的论战就是在这样的大背景下展开的。

论战的起因是康有为的一篇长文《法国革命论》，内容无外乎排斥革命，主张维新的老调。对于这样的文章，革命党人照例会组织力量煞有介事地驳斥一番。不过双方的主力笔杆章、梁二人掺和进来，而且把事情闹得如此沸沸扬扬却是很多人始料未及的。

维新派一边，因为有事，康有为把任务交给了首席大弟子梁启超；革命党一边，1906年夏，因当年在《驳康有为论革命书》中有所谓大逆不道言论（载湉小丑，不辨菽麦）的章太炎刑满释放，二度流亡日本。并在孙中山的关怀下，开始接手同盟会的机关报《民报》。于是，针尖对麦芒，一场大规模的论战初显端倪。

从章太炎接手的7月至12月，仅半年的时间，《民报》就陆续刊发了一些铁杆革命党如胡汉民、汪精卫等人措辞严厉的文章，洋洋洒洒，几乎占据了报纸一半以上的篇幅。不仅如此，宝刀未老的章太炎还亲自操刀，与梁启超捉对厮杀，写下了《箴新党论》，文中详尽地叙述了维新派的演变，并从中分析总结了维新派的诸多致命伤，如缺乏胆识，没有大无畏的牺牲精神等。

调停！梁子！

面对如此咄咄逼人的态势，曾经以妙笔闻名的梁启超也渐感不支。于是论战刚开始，他就托与两派均有交往的湖南人徐佛苏出面调停，但铁了心的章太炎丝毫没给徐佛苏面子，你徐佛苏算个球啊！我该驳斥还驳斥，该论战还论战。又是半年时间，革命与维新的优劣越辩越明，维新派也逐渐被赶往绝路，纵使梁启超能力超群，但也回天乏术。这时他又想到了徐佛苏，鉴于上次调停的经验，徐佛苏这次没有亲自出面，他辗转找到了革命党的中坚湖南老乡宋教仁。

宋教仁的面子自然比徐佛苏要大，他找到章太炎委婉表达了维新派的想法，并从反清的大局出发，劝章太炎暂时休战，得饶人处且饶人，穷寇莫追。但倔强的章太炎并不愿就此罢战，认为原则问题不能和稀泥，在目前这种辩而未明的形势下更应该奋起直追，痛打落水狗。不过为了给宋教仁台阶，也为了端正视听，他同意在以后的论战中不采取谩骂攻击的方式，也不再动不动就问候对方家庭女性成员的生殖器官。至于正常的革命与维新之争即使孙先生说停，"也万死不能从命"！

话说到这份上，而且还是宋教仁出面，梁启超没辙了。1907年的冬天，曾经活跃一时的维新派机关报《新民丛报》宣布停刊，给这场持续一年多的笔墨官司画上了一个句号。从此，章、梁二人结下梁子，而且终二人一生都未曾释怀，以至于到后来，清华国学院准备聘请二人担任国学院导师的时候，梁虽然接受邀请但只愿出任导师，不愿司职院长，而桀骜的章太炎更是一口回绝了清华的邀请，理由很简单，七个字——"耻与梁启超为伍"。